AF309473

BIBLIOTHÈQUE SOCIALISTE INTERNATIONALE
publiée sous la direction de Alfred **BONNET**

II

MISÈRE

DE LA

PHILOSOPHIE

RÉPONSE
A LA PHILOSOPHIE DE LA MISÈRE
DE M. PROUDHON

PAR

KARL MARX

Avec une Préface de

FRIEDRICH ENGELS

NOUVELLE ÉDITION

PARIS (5e)

V. GIARD & E. BRIÈRE

LIBRAIRES-ÉDITEURS
16, RUE SOUFFLOT ET 12, RUE TOULLIER

MISÈRE

DE

LA PHILOSOPHIE

BIBLIOTHÈQUE SOCIALISTE INTERNATIONALE
publiée sous la direction de Alfred BONNET

II

MISÈRE

DE LA

PHILOSOPHIE

RÉPONSE

A LA PHILOSOPHIE DE LA MISÈRE
DE M. PROUDHON

PAR

KARL MARX

Avec une Préface de

FRIEDRICH ENGELS

NOUVELLE ÉDITION

PARIS (5e)

V. GIARD & E. BRIÈRE

LIBRAIRES-ÉDITEURS

16, RUE SOUFFLOT ET 12, RUE TOULLIER

1908

PRÉFACE

Le présent écrit fut composé dans l'hiver 1846-1847,
à une époque où Marx était arrivé à élucider les principes de sa nouvelle conception historique et économique (1). Le *Système des contradictions économiques
ou Philosophie de la misère* de Proudhon, qui venait de

---

1. *La Misère de la Philosophie*, écrite en français, paru
en 1847 à Paris, chez A. Franck, 69, rue Richelieu et à
Bruxelles, chez C.-G. Vogler, 2, petite rue de la Madeleine ;
elle a été traduite en allemand par Bernstein et Karl Kautsky
et publiée en 1885 par la librairie du Parti démocrate-socia-
liste d'Allemagne : elle était précédée par cette préface d'Engels.

L'exemplaire de Marx, qui, ainsi que ses autres livres, a
été donné par ses deux filles, Laura Lafargue et Eleanor
Aveling, au Parti socialiste allemand, pour former, avec
les livres d'Engels, le fonds d'une bibliothèque du Parti,
porte quelques corrections de la main de l'auteur : elles ont
été reproduites dans cette réédition.

Note de l'Éditeur.

paraître, lui donna l'occasion de développer ses principes en les opposant aux idées de l'homme qui, dès lors, devait prendre une place prépondérante parmi les socialistes français de l'époque. Depuis le moment où tous deux à Paris avaient longuement discuté ensemble des questions économiques, souvent pendant des nuits entières, leur direction était allée s'écartant de plus en plus ; l'écrit de Proudhon montrait qu'il y avait déjà un abîme infranchissable entre eux ; faire le silence n'était pas possible ; Marx constata cette rupture irréparable dans cette réponse qu'il lui fit.

Le jugement d'ensemble de Marx sur Proudhon se trouve exprimé dans l'article qui est reproduit en appendice et qui a paru pour la première fois dans le *Sozialdemokrat* de Berlin, nos 16, 17 et 18. Ce fut le seul article que Marx écrivit dans cette feuille. Les tentatives de M. von Schweitzer pour amener le journal dans les eaux gouvernementales et féodales s'étant presque immédiatement manifestées, cela nous contraignit de retirer publiquement notre collaboration au bout de peu de semaines.

Le présent ouvrage a pour l'Allemagne maintenant une importance que Marx n'a jamais prévue. Comment aurait-il pu savoir qu'en s'attaquant à Proudhon il frappait par là même l'idole des *Strebers* (arrivistes) d'aujourd'hui, Rodbertus, qu'il ne connaissait même pas de nom.

Ce n'est pas ici le lieu de s'étendre sur le rapport qu'il y a entre Marx et Rodbertus, j'aurai bientôt l'occasion de le faire. Il suffit de dire ici que quand Rodbertus accuse Marx de l'avoir « pillé » et « d'avoir dans son *Capital* fort bien tiré profit sans le citer » de son ouvrage : *Zur Erkenntniss*, etc., il se laisse entraîner à une calomnie qui n'est explicable que par la mauvaise humeur naturelle à un génie méconnu et sa remarquable ignorance des choses qui se produisent hors de Prusse, et notamment de la littérature économique et socialiste. Ces accusations, pas plus que l'ouvrage de Rodbertus que nous avons cité, ne sont jamais venus sous les yeux de Marx ; il ne connaissait de Rodbertus que les trois « *Sozialen Briefe* » et celles-là mêmes en aucun cas avant 1858 ou 1859.

C'est avec plus de fondement que Rodbertus prétend dans ces lettres avoir découvert « la valeur constituée de Proudhon » bien avant Proudhon. Mais il se flatte encore à tort en croyant l'avoir le premier découverte. En tous cas, notre ouvrage le critique avec Proudhon, et cela me force à m'étendre un peu sur son « fondamental » opuscule : *Zur Erkenntniss unserer staatswirthschaftichen Zustænde*, 1842, du moins pour autant que celui-ci, en outre du communisme à la Weitling qu'il contient aussi, bien qu'inconsciemment, anticipe Proudhon.

En tant que le socialisme moderne, de quelque tendance d'ailleurs qu'il soit, procède de l'économie politique bourgeoise, il se rattache presque exclusivement à la théorie de la valeur de Ricardo. Les deux propositions que Ricardo en 1817 pose au début de ses *Principes* : 1° que la valeur de chaque marchandise est seulement et uniquement déterminée par la quantité de travail exigée pour sa production, et 2° que le produit de la totalité du travail social est partagé entre les trois classes des propriétaires fonciers (rente), des capitalistes (profit) et des travailleurs (salaire) ; ces deux propositions avaient déjà, dès 1821, en Angleterre, donné matière à des conclusions socialistes. Elles avaient été déduites avec tant de profondeur et de clarté que cette littérature, maintenant presque disparue et que Marx avait en grande partie découverte, ne put être dépassée jusqu'à l'apparition du *Capital*. Nous en reparlerons d'ailleurs une autre fois. Quand Rodbertus, en 1842, tirait de son côté des conclusions socialistes des propositions citées plus haut, c'était alors pour un Allemand faire certes un pas important, mais ce n'était une découverte que pour l'Allemagne. Marx montre le peu de nouveauté d'une telle application de la théorie de Ricardo à Proudhon, qui souffrait d'une pareille imagination.

« Quiconque est tant soit peu familiarisé avec le mouvement de l'économie politique en Angleterre, n'est pas sans savoir que presque tous les socialistes de ce pays ont, à différentes époques, proposé l'application *égalitaire* (c'est-à-dire socialiste) de la théorie ricardienne. Nous pourrions citer à M. Proudhon l'*Economie politique* de Hopkins, 1822 ; William Thompson, *An Inquiry into the Principles of the Distribution of Wealth most conducive to human Happiness*, 1827 ; T. R. Edmonds, *Pratical, moral and political Economy*, 1828, etc., etc. ; et l'on pourrait ajouter encore quatre pages d'etc. Nous nous contenterons de laisser parler un communiste anglais : Bray, dans son ouvrage remarquable : *Labour's Wrongs and Labour's Remedy*, Leeds, 1839. » Et les seules citations de Bray suppriment, pour une bonne partie, la priorité que revendique Rodbertus.

A cette époque Marx n'était pas encore entré dans la salle de lecture du « British Museum ». Outre les bibliothèques de Paris et de Bruxelles, outre mes livres et mes extraits, qu'il lut pendant un voyage de six semaines que nous avons fait ensemble en Angleterre dans l'été de 1845, il n'avait parcouru que les livres que l'on pouvait se procurer à Manchester. La littérature dont nous parlons n'était donc nullement aussi inaccessible à ce moment qu'elle peut l'être actuellement. Si malgré cela elle est restée inconnue à Rodbertus, cela est dû exclusivement à ce qu'il était un Prussien borné. Il est le fondateur véritable du socialisme spécifiquement prussien et il est enfin reconnu comme tel.

Cependant, même dans sa Prusse bien-aimée, Rodbertus ne devait pas rester à l'abri. En 1859 parut à Berlin, le premier livre de la *Critique de l'Economie politique*, de Marx. On y relève, parmi les objections élevées par les économistes contre Ricardo, comme deuxième objection page 40 : « Si la valeur d'échange d'un produit est égale au temps de travail qui y est contenu, la valeur d'échange d'une journée de travail est égale à son produit. Ou bien encore, le salaire doit être égal au produit du travail. Or, c'est le contraire qui est vrai. » En note : «Cette objection élevée contre Ricardo du côté des économistes a été relevée plus tard par les socialistes. L'exactitude théorique de la formule étant supposée, la pratique fut accusée de contradiction avec la théorie, et la société bourgeoise fut invitée à tirer pratiquement la conséquence impliquée dans le principe théorique. Des socialistes anglais ont, au moins en ce sens, tourné la formule de la valeur d'échange de Ricardo contre l'économie politique. » On renvoie dans cette note à la *Misère de la Philosophie* de Marx, qui alors était encore partout en librairie.

Il était donc assez facile à Rodbertus de se convaincre lui-même de la nouveauté réelle de ses découvertes de 1842. Au lieu de cela, il ne cesse de les proclamer et les croit tellement incomparables qu'il ne lui vient pas une seule fois à l'esprit que Marx ait pu tirer tout seul ses conclusions de Ricardo tout aussi bien que Rodbertus lui-même. Cela est impossible. Marx l'a « pillé » — lui à qui le même Marx offrait toute facilité de se convaincre que bien longtemps avant eux ces conclusions, au moins sous la forme grossière qu'elles ont encore chez Rodbertus, avaient été déjà exprimées en Angleterre.

L'application socialiste la plus simple de la théorie de Ricardo est celle que nous avons donnée plus haut. En bien des cas, elle a conduit à des aperçus sur l'origine et la nature de la plus-value qui dépassent de beaucoup Ricardo. Il en est également ainsi chez Rodbertus. Outre que dans cet ordre d'idées, il n'offre jamais rien qui n'ait déjà été au moins aussi bien dit avant lui, son exposition a encore les mêmes défauts que celle de ses prédécesseurs : il accepte les catégories économiques de travail, capital, valeur, dans la forme crue où les lui ont transmises les économistes, sous la forme qui s'attache à leur apparence, sans en rechercher le contenu. Il s'interdit ainsi non seulement tout moyen de les développer plus complètement — contrairement à Marx qui, pour la première fois, a fait quelque chose de ces propositions souvent reproduites depuis soixante-quatre ans — mais il prend le chemin qui mène droit à l'Utopie, comme on le montrera.

L'application précédente de la théorie de Ricardo, qui montre aux travailleurs que la totalité de la production sociale, qui est leur produit, leur appartient parce qu'ils sont les seuls producteurs réels, conduit droit au communisme. Mais elle est aussi, comme Marx le fait entendre, formellement fausse économiquement parlant, parce qu'elle est simplement une application de la morale à l'économie. D'après les lois de l'économie bourgeoise, la plus grande partie du produit n'appartient pas aux travailleurs qui l'ont créé. Si nous disons alors : c'est injuste, ce ne doit pas être : cela n'a rien à voir avec l'économie. Nous disons seulement que ce fait économique est en contradiction avec notre sentiment moral. C'est pourquoi Marx n'a jamais fondé là-dessus ses revendications communistes, mais bien sur la ruine nécessaire, qui se consomme sous nos yeux tous les jours et de plus en plus, du mode de production capitaliste. Il se contente de dire que la plus-value se compose de travail non payé : c'est un fait pur et simple. Mais ce qui peut être formellement faux au point de vue économique, peut être encore exact au point de vue de l'histoire universelle. Si le sentiment moral de la masse regarde un fait économique, autrefois l'esclavage ou le servage, comme injuste, cela prouve que ce fait lui-même est une survivance ; que d'autres faits économiques se sont produits grâce auxquels le premier est devenu insupportable, insoutenable. Derrière l'inexactitude économique formelle peut donc se cacher un contenu économique très réel. Il serait déplacé ici de s'étendre davantage sur l'importance et l'histoire de la théorie de la plus-value.

On peut encore tirer d'autres conséquences de la théorie de la valeur de Ricardo et on l'a fait. La valeur des marchandises est déterminée par le travail exigé par leur production. Or, il se trouve que dans ce méchant monde les marchandises sont achetées tantôt au-dessus, tantôt au-dessous de leur valeur et sans qu'il y ait là simplement rapport avec les variations de la concurrence. De même que le taux de profit a une forte tendance à se maintenir au même niveau pour tous les capitalistes, les prix des marchandises tendent aussi à se réduire à la valeur de travail par l'intermédiaire de l'offre et de la demande. Mais le taux de profit se calcule d'après le capital total employé dans une exploitation industrielle ; or, comme dans deux branches d'industrie différentes, la production annuelle peut incorporer des masses de travail égales, c'est-à-dire présenter des valeurs égales, et que, si le salaire peut être également élevé dans ces deux branches, les capitaux avancés peuvent être, et le sont souvent, doubles ou triples dans l'une ou dans l'autre branche, la loi de la valeur de Ricardo, comme Ricardo lui-même l'a déjà découvert, est en contradiction avec la loi d'égalité du taux de profit. Si les produits des deux branches d'industrie sont vendus à leurs valeurs, les taux de profit ne peuvent pas être égaux ; mais si les taux de profit sont égaux, les produits des deux branches d'industrie ne sont pas vendus à leurs valeurs partout et toujours. Nous avons donc ici une contradiction, une antinomie entre deux lois économiques. La solution pratique s'opère d'après Ricardo (chap. Ier, sections 4 et 5) régulièrement en faveur du taux de profit au dépens de la valeur.

Mais la détermination de la valeur de Ricardo, malgré ses caractères néfastes, a un côté qui la rend chère à nos braves bourgeois. C'est le côté par où elle fait appel avec une force irrésistible à leur sentiment de justice. Justice et égalité des droits, voilà les piliers à l'aide desquels le bourgeois du XVIIIe et du XIXe siècles voudrait élever son édifice social sur les ruines des injustices, des inégalités et des privilèges féodaux. La détermination de la valeur des marchandises par le travail et l'échange libre qui se produit d'après cette mesure de valeur entre les possesseurs égaux en droit, tels sont, comme Marx l'a déjà montré, les fondements réels sur lesquels toute l'idéologie politique, juridique et philosophique de la bourgeoisie moderne s'est édifiée. Dès que l'on sait que le travail est la mesure des marchandises, les bons sentiments du brave bourgeois doivent se sentir profondément blessés par la méchanceté d'un monde qui reconnaît bien nominalement ce principe de justice, mais qui, éellement, à chaque instant, sans se gêner, paraît le mettre de côté. Surtout le petit bourgeois, dont le travail honnête — alors même que ce n'est que celui de ses ouvriers ou de ses apprentis — perd tous les jours de plus en plus de sa valeur par l'effet de la concurrence de la grande production et des machines, surtout le petit producteur doit désirer ardemment une société où l'échange des produits d'après leur valeur de travail soit une réalité entière et sans exception ; en d'autres termes, il doit désirer ardemment une société où règne exclusivement et pleinement une loi unique de production des marchandises, mais où soient supprimées les conditions qui seules rendent cette loi effective, c'est-à-dire les autres lois de la production des marchandises et mieux de la production capitaliste.

Cette utopie a jeté des racines très profondes dans la pensée du petit bourgeois moderne — réel ou idéal. Ce qui le démontre, c'est qu'elle a déjà été, en 1831, systématiquement développée par John Gray, essayée pratiquement et répandue théoriquement en Angleterre à cette époque, proclamée comme la vérité la plus récente en 1842 par Rodbertus en Allemagne et en 1846 par Proudhon en France, publiée encore en 1871 par Rodbertus comme solution de la question sociale et pour ainsi dire son testament social ; et, en 1884, elle récolte l'adhésion de la séquelle qui s'efforce, sous le nom de Rodbertus, d'exploiter le socialisme d'Etat prussien.

La critique de cette utopie a été faite si complètement par Marx, aussi bien contre Proudhon que contre Gray (Cf. l'appendice n° 2 de cet ouvrage), que je puis ici me borner à quelques remarques sur la forme spéciale que Rodbertus a adoptée pour la fonder et l'exprimer.

Comme nous l'avons dit : Rodbertus accepte les concepts économiques traditionnels sous la forme exacte où ils lui ont été transmis par les économistes. Il ne fait pas la plus légère tentative pour les vérifier. La valeur est pour lui « l'évaluation quantitative d'une chose relativement aux autres, cette évaluation étant prise pour mesure ». Cette définition peu rigoureuse, pour le moins, nous donne tout au plus une idée de ce que la valeur paraît à peu près être, mais ne dit absolument pas ce qu'elle est. Mais, comme c'est tout ce que Rodbertus sait nous dire sur la valeur, il est compréhensible qu'il cherche une mesure de la valeur hors de la valeur. Après avoir tourné au hasard, sans ordre, la valeur d'usage et la valeur d'échange sous une centaine de faces, avec cette puissance d'abstraction qu'admire infiniment M. Adolph Wagner, il arrive à ce résultat qu'il n'y a pas de mesure réelle de la valeur et qu'il faut se contenter d'une mesure surérogatoire. Le travail pourrait être celle-ci, mais seulement dans le cas d'un échange entre produits d'égales quantités de travail, que le cas soit d'ailleurs « tel en lui-même, ou qu'on ait pris des dispositions » qui l'assurent. Valeur et travail restent ainsi sans le moindre rapport réel, bien que tout le premier chapitre soit employé à nous expliquer comment et pourquoi les marchandises « coûtent du travail » et rien que du travail.

Le travail est encore une fois pris sous la forme où on le rencontre chez les économistes. Et pas même cela. Car bien qu'on dise deux mots sur les différences d'intensité du travail, le travail est très généralement représenté comme quelque chose qui « coûte », c'est-à-dire qui est mesure de valeur, qu'il soit d'ailleurs dépensé ou non dans la moyenne des conditions normales de la société. Que les producteurs emploient dix jours à la fabrication de produits qui peuvent être fabriqués en un jour, ou qu'ils n'en emploient qu'un ; qu'ils emploient le meilleur ou le plus mauvais des outillages ; qu'ils appliquent leur temps de travail à la fabrication d'articles socialement nécessaires ou dans la quantité socialement exigée, qu'ils établissent des articles que l'on ne demande pas du tout, ou des articles demandés plus ou moins qu'il n'est besoin — de tout cela il n'est pas question : le travail est le travail, le produit d'un travail égal doit être échangé contre un produit de travail égal. Rodbertus qui, dans tout autre cas, est toujours prêt, que cela soit à propos ou non, à se placer au point de vue national, et à considérer les rapports des producteurs isolés du haut de l'observatoire de la société générale, évite ici craintivement tout cela. Simplement parce que, dès la première ligne de son livre, il va droit à l'utopie du bon de travail et que toute analyse du travail comme producteur de valeur devait parsemer sa route d'écueils infranchissables. Son instinct était ici considérablement plus fort que sa puissance d'abstraction, qu'on ne peut découvrir chez Rodbertus, soit dit en passant, qu'au moyen de la plus concrète pauvreté d'idées.

Le passage à l'utopie est exécuté en un tour de main. Les « dispositions » qui fixent l'échange des marchandises d'après la valeur de travail comme suivant une règle absolue ne font pas de difficulté. Tous les autres utopistes de cette tendance, de Gray jusqu'à Proudhon, se tourmentent pour élaborer des mesures sociales qui doivent réaliser ce but. Ils cherchent au moins à résoudre la question économique par des voies économiques, grâce à l'action du possesseur de marchandises qui les échange. Pour Rodbertus c'est bien plus simple. En bon Prussien, il en appelle à l'Etat. Un décret du pouvoir public ordonne la réforme.

La valeur est donc ainsi heureusement « constituée », mais non la priorité de cette constitution que réclamait Rodbertus. Au contraire, Gray ainsi que Bray — entre beaucoup d'autres — longtemps et souvent avant Rodbertus, ont répété à satiété la même pensée : ils souhaitaient pieusement les mesures grâce auxquelles les produits s'échangeraient, malgré tous les obstacles, toujours et seulement à leur valeur de travail.

Après que l'Etat a ainsi constitué la valeur — au moins d'une partie des produits, car Rodbertus est modeste — il émet son bon de travail, en fait des avances aux capitalistes industriels avec lesquels ils payent les ouvriers ; les ouvriers achètent alors les produits avec les bons de travail qu'ils ont reçus et permettent ainsi le retour du papier-monnaie à son point de départ. C'est de Rodbertus lui même qu'il faut apprendre comme cela se développe admirablement.

« Pour ce qui est de cette seconde condition on atteindra la disposition qui exige que la valeur attestée sur le billet soit réellement en circulation en ne donnant qu'à celui qui livre vraiment un produit un billet sur lequel sera marquée exactement la quantité de travail nécessitée par la fabrication du produit. Celui qui livre un produit de deux journées de travail reçoit un billet où sera marqué «2 journées ». La seconde condition sera nécessairement remplie par l'observation exacte de cette règle dans l'émission. D'après notre hypothèse, la valeur véritable des biens coïncide avec la quantité de travail qu'a coûté leur fabrication, et cette quantité de travail a pour mesure la division du temps reçue; celui qui livre un produit auquel deux jours de travail ont été consacrés, s'il obtient qu'il lui soit certifié deux journées de travail, n'a donc obtenu qu'il lui soit assigné ou certifié ni plus ni moins de valeur qu'il en a livré en fait, — et de plus, comme celui-là seul obtient une pareille attestation qui a mis réellement un produit en circulation, il est également certain que la valeur inscrite sur le billet est capable de payer la société. Que l'on élargisse autant qu'on le veut la sphère de la division du travail, si la règle est bien suivie, la *somme de valeur disponible* doit être exactement égale à la *somme de valeur certifiée* : et comme la somme de valeur certifiée est exactement la somme de valeur assignée, celle-ci doit nécessairement *se résoudre à la valeur disponible, toutes les exigences sont satisfaites et la liquidation est exacte.* » (pag. 166, 167).

Si Rodbertus a eu jusqu'à présent le malheur d'arriver trop tard avec ses découvertes, cette fois

au moins il a le mérite d'une *espèce* d'originalité :
aucun de ses rivaux n'avait osé donner à l'utopie
insensée du bon de travail cette forme naïvement en-
fantine, je dirais même véritablement poméranienne.
Parce que pour chaque bon on livre un objet de valeur
correspondant, qu'aucun objet de valeur n'est plus
délivré que contre un bon correspondant, nécessairement la somme des bons est couverte par la somme
des objets de valeur. Le calcul se fait sans le moindre reste, il est juste à une seconde de travail près,
et il n'y a pas d'employé supérieur de la caisse de la
dette publique qui, quoique blanchi sous sa fonction,
puisse y reprendre la plus légère erreur. Que désirer de plus ?

Dans la société capitaliste actuelle, chaque capitaliste industriel produit de son propre chef ce qu'il
veut, comme il veut, et autant qu'il veut. La quantité socialement exigée reste pour lui une grandeur
inconnue et il ignore la qualité des objets demandés aussi bien que leur quantité. Ce qui aujour-
d'hui ne peut être livré assez rapidement, peut
être offert demain bien au-delà de la demande. Pourtant on finit par satisfaire la demande tant bien
que mal, et généralement la production se règle
en définitive sur les objets demandés. Comment
s'effectue la conciliation de cette contradiction ? Par
la concurrence. Et comment arrive-t-elle à cette solu-

tion ? Simplement en dépréciant au-dessous de leur valeur de travail les marchandises inutilisables pour leur qualité ou pour leur quantité dans l'état présent des demandes de la société, et en faisant sentir aux producteurs, de cette façon détournée, qu'ils ont en fabrique des articles absolument inutilisables ou qu'ils en ont fabriqué en quantité inutilisable, superflue. Il s'ensuit deux choses :

D'abord que les déviations continuelles des prix des marchandises par rapport aux valeurs des marchandises sont la condition nécessaire et par laquelle seule la valeur des marchandises peut exister. Ce n'est que par les fluctuations de la concurrence et, par suite, des prix des marchandises que la loi de la valeur se réalise dans la production des marchandises, et que la détermination de la valeur par le temps de travail socialement nécessaire devient une réalité. Que la forme de représentation de la valeur, que le prix ait, en règle générale, un tout autre aspect que la valeur qu'il manifeste, c'est une fortune qu'il partage avec la plupart des rapports sociaux. Le roi le plus souvent ressemble peu à la monarchie qu'il représente. Dans une société de producteurs de marchandises échangistes, vouloir déterminer la valeur par le temps de travail par cela que l'on interdit à la concurrence d'établir cette détermination de la valeur dans la seule forme par où elle puisse se faire, en influant sur les prix, c'est montrer qu'on s'est, au moins sur ce terrain, permis la méconnaissance utopique habituelle des lois économiques.

En second lieu, la concurrence, en réalisant la loi de la valeur de la production des marchandises dans une société de producteurs échangistes, fonde par cela même et à de certaines conditions le seul ordre et la seule organisation possibles de la production sociale. Ce n'est que par la dépréciation ou la majoration des prix des produits que les producteurs de marchandises isolés apprennent à leurs dépens de quels produits et de combien de ces produits la société a besoin. Mais c'est précisément ce seul régulateur que l'utopie partagée par Rodbertus veut supprimer. Et si nous demandons quelle garantie nous avons que l'on ne produit que la quantité nécessaire de chaque produit, que nous ne manquerons ni de blé ni de viande, pendant que le sucre de betterave surabondera et que nous regorgerons d'eau-de-vie de pomme de terre, que les culottes ne nous feront pas défaut pour couvrir notre nudité, pendant que les boutons de culotte se multiplieront par milliers, — Rodbertus triomphant nous montre alors son fameux compte dans lequel on a établi un certificat exact pour chaque livre de sucre superflue, pour chaque tonneau d'eau-de-vie non acheté, pour chaque bouton de culotte inutilisable, compte qui est « juste », qui « satisfait toutes les exigences et où la liquidation est exacte ». Et qui ne le croit pas n'a qu'à s'adresser à M. X., l'employé supérieur de la caisse de la dette publique en Poméranie, qui a revu le calcul et l'a trouvé juste et que l'on peut considérer comme n'ayant jamais été capable d'une faute dans ses comptes de caisse.

Et maintenant voyons un peu la naïveté avec laquelle Rodbertus veut supprimer les crises industrielles et commerciales, au moyen de son utopie. Dès que la production des marchandises a pris les dimensions du marché mondial, c'est par un cataclysme de ce marché, par une crise commerciale, que s'établit l'équilibre entre les producteurs isolés, produisant selon un calcul particulier, et le marché pour lequel ils produisent, dont ils ignorent plus ou moins la demande en qualité et en quantité (1). Si l'on inter-

---

1. Marx, *Misère de la Philosophie*. Du moins c'était le cas jusqu'en ces derniers temps. Depuis que l'Angleterre perd de plus en plus le monopole du marché mondial par suite de la participation de la France, de l'Allemagne et surtout de l'Amérique au commerce international, une nouvelle forme d'équilibration semble vouloir s'établir. La période de prospérité générale qui précède les crises n'apparaît pas et si elle faisait défaut, une stagnation chronique, avec de légères fluctuations, deviendrait l'état normal de l'industrie moderne.

dit à la concurrence de faire connaître aux producteurs isolés l'état du marché par la hausse ou la baisse des prix, on les aveugle tout à fait. Diriger la production des marchandises de façon que les producteurs ne puissent plus rien savoir de l'état du marché pour lequel ils produisent, — c'est soigner les crises d'une façon que le docteur Eisenhart pourrait envier à Rodbertus.

On comprend maintenant pourquoi Rodbertus détermine la valeur des marchandises par le travail, et tout au plus admet des degrés différents d'intensité de travail. S'il s'était demandé pourquoi et comment le travail crée de la valeur et, par suite, la détermine et la mesure, il serait arrivé au travail socialement nécessaire, nécessaire pour le produit isolé, aussi bien à l'égard des autres produits de même espèce, qu'à l'égard de la quantité totale socialement exigée. Il aurait rencontré la question : comment la production des producteurs isolés s'accommode à la demande sociale totale et toute son utopie devenait impossible. Cette fois, en fait, il a préféré abstraire : il a fait abstraction du problème à résoudre.

Nous en venons enfin au point où Rodbertus nous offre vraiment quelque chose de neuf, point qui le distingue de tous ses nombreux camarades de l'organisation de l'échange par les bons de travail. Ils réclament tous ce mode d'échange dans le but de

détruire l'exploitation du travail salarié par le capital.
Chaque producteur doit obtenir la valeur de travail
totale de son produit. Ils sont unanimes là-dessus, de
Gray jusqu'à Proudhon. Pas du tout, dit au contraire
Rodbertus. Le travail salarié et son exploitation sub-
sistent.

D'abord, il n'y a pas d'état social possible où le travailleur puisse recevoir pour sa consommation la
valeur totale de son produit. Le fonds produit doit
subvenir à une quantité de fonctions économiquement
improductives mais nécessaires ; il doit par suite
entretenir les gens qu'elles concernent. Cela n'est vrai
qu'autant que vaudra la division actuelle du travail.
Dans une société où le travail productif général
serait obligatoire, société qui est pourtant possible,
l'observation tombe. Resterait encore la nécessité
d'un fonds social de réserve et d'accumulation, et
alors les *travailleurs*, c'est-à-dire *tous* resteraient en
possession et en jouissance de leur produit total,
mais chaque travailleur isolé ne jouirait pas du produit intégral de son travail. L'entretien de fonctions
economiquement improductives par le produit du
travail n'a pas été négligé par les autres utopistes du
bon de travail. Mais ils laissent les ouvriers s'imposer
eux-mêmes dans ce but, suivant en cela le mode
démocratique coutumier, tandis que Rodbertus, dont
toute la réforme en matière sociale de 1842 est tail-

lée sur le patron de l'Etat prussien d'alors, remet tout au jugement de la bureaucratie, qui détermine souverainement la part de l'ouvrier au produit de son propre travail et le lui abandonne gracieusement.

Puis la rente foncière et le profit doivent continuer à subsister. En effet, les propriétaires fonciers et les capitalistes industriels remplissent certaines fonctions, socialement utiles, ou même nécessaires, encore bien qu'économiquement improductives, et reçoivent en échange une sorte de traitement, rente et profit — ce qui est une conception nullement nouvelle, même en 1842. A vrai dire, ils reçoivent maintenant beaucoup trop pour le peu qu'ils font, et qu'ils font suffisamment mal ; mais Rodbertus a besoin d'une classe privilégiée, au moins pour les cinq cents ans à venir, aussi le taux de la plus-value, pour m'exprimer correctement, doit-il subsister, mais sans pouvoir être augmenté. Rodbertus accepte comme taux actuel de la plus-value 200 pour o/o, cela veut dire que pour un travail journalier de douze heures l'ouvrier n'obtiendra pas une inscription de douze heures, mais de quatre heures seulement, et la valeur produite dans les huit heures restantes devra être partagée entre propriétaire foncier et capitaliste. Les bons de travail de Rodbertus mentent donc absolument, mais il faut être propriétaire féodal de Poméranie pour se figurer qu'il y aurait une classe ouvrière à qui il conviendrait de travailler douze heures pour obtenir un bon de travail de quatre heures. Si l'on traduit les jongleries de la production capitaliste dans cette langue naïve, où elle apparaît comme un vol manifeste, on la rend impossible. Chaque bon donné au travailleur serait une provocation directe à la rébellion et tomberait sous le coup du paragraphe 110 du Code pénal de l'Empire allemand. Il ne faut jamais avoir vu un autre prolétariat que celui d'un bien féodal de Poméranie, prolétariat de journaliers, en fait presque en servage, où règnent le bâton et le fouet, et où toutes les jolies filles du village appartiennent au harem de leur gracieux seigneur, pour se figurer pouvoir offrir de pareilles impertinences aux ouvriers. Mais nos conservateurs sont nos plus grands révolutionnaires.

Mais si les ouvriers ont assez de mansuétude pour se laisser raconter qu'ayant travaillé pendant douze heures pleines d'un dur travail, ils n'ont travaillé en réalité que quatre heures, il leur sera garanti comme récompense que, dans toute l'éternité, leur part au produit de leur propre travail ne tombera pas au-dessous du tiers. En réalité, c'est jouer l'air de la société future sur une trompette d'enfant. Cela ne vaut pas la peine de perdre un mot de plus sur cette question. Par conséquent, tout ce que Rodbertus offre de nouveau dans l'utopie des bons de travail est enfantin et bien inférieur aux travaux de ses nombreux rivaux, qu'ils l'aient précédé ou suivi.

Pour l'époque où parut *Zur Erkenntniss*, etc., de Rodbertus, c'était un livre certainement important. Poursuivre la théorie de Ricardo dans cette direction était un commencement qui promettait. Si, pour lui et pour l'Allemagne seuls, c'était une nouveauté, son travail en somme arrive à la même hauteur que ceux des meilleurs de ses précurseurs anglais. Mais ce n'était qu'un commencement dont la théorie ne pouvait espérer un réel profit que par un travail ultérieur, fondamental, critique. Ce développement s'arrête pourtant là de lui-même, parce que, dès le début, on dirige le développement de Ricardo dans l'autre sens, dans le sens de l'utopie. C'est perdre, dès lors, la condition de toute critique — l'indépendance. Rodbertus travailla alors avec un but préconçu, il devint un économiste tendancieux. Une fois saisi par son utopie, il s'est interdit toute possibilité de progrès scientifique. A partir de 1842 jusqu'à sa mort, il tourne dans le même cercle, reproduit les mêmes idées, déjà exprimées ou indiquées dans ses précédents ouvrages, se trouve méconnu, se trouve pillé, alors qu'il n'y avait rien à piller, et se refuse enfin, non sans intention, à l'évidence qu'au fond il n'avait pourtant découvert que ce qui l'était déjà depuis longtemps.

Il est à peine nécessaire de faire remarquer que dans cet ouvrage la langue ne coïncide pas toujours avec celle du *Capital*. Il y est encore parlé du *travail* comme marchandise, d'achat et de vente de travail au lieu de force de travail.

Comme complément, on a ajouté à cette édition : 1° un passage de l'ouvrage de Marx (*Critique de l'économie politique*. Berlin, 1859), à propos de la première utopie de bons de travail de John Gray ; et 2° le discours de Marx sur le *Libre échange*, qui a été prononcé en français à Bruxelles (1847), et qui appartient à la même période du développement de l'auteur que la *Misère*.

Londres, 25 octobre 1884.

FRIEDRICH ENGELS

MISÈRE

DE

LA PHILOSOPHIE

AVANT-PROPOS

M. Proudhon a le malheur d'être singulièrement méconnu en Europe. En France, il a le droit d'être mauvais économiste, parce qu'il passe pour être bon philosophe allemand. En Allemagne, il a le droit d'être mauvais philosophe, parce qu'il passe pour être économiste français des plus forts. Nous, en notre qualité d'Allemand et d'économiste à la fois, nous avons voulu protester contre cette double erreur.

Le lecteur comprendra, que dans ce travail ingrat, il nous a fallu souvent abandonner la critique de M. Proudhon, pour faire celle de la philosophie allemande, et donner en même temps des aperçus sur l'économie politique.

KARL MARX

Bruxelles, ce 15 juin 1847.

L'ouvrage de M. Proudhon n'est pas tout simplement un traité d'économie politique, un livre ordinaire, c'est une Bible : « Mystères », « Secrets arrachés au sein de Dieu », « Révélations », rien n'y manque. Mais comme, de nos jours, les prophètes sont discutés plus consciencieusement que les auteurs profanes, il faut bien que le lecteur se résigne à passer avec nous par l'érudition aride et ténébreuse de la « Genèse », pour s'élever plus tard avec M. Proudhon dans les régions éthérées et fécondes du *supra-socialisme* (Voy. Proudhon, *Phil. de la Misère*, Prologue, p. III, ligne 20).

CHAPITRE PREMIER

UNE DÉCOUVERTE SCIENTIFIQUE

———

§ Ier. — OPPOSITION DE LA VALEUR D'UTILITÉ ET DE LA VALEUR D'ÉCHANGE

« La capacité qu'ont tous les produits, soit naturels, soit industriels, de servir à la subsistance de
l'homme, se nomme particulièrement *valeur d'utilité* ; la capacité qu'ils ont de se donner l'un pour
l'autre, *valeur en échange*... Comment la valeur d'utilité devient-elle valeur en échange ?... La génération
de l'idée de la valeur (en échange) n'a pas été notée
par les économistes avec assez de soin : il importe
de nous y arrêter. Puis donc que parmi les objets
dont j'ai besoin, un très grand nombre ne se trouve
dans la nature qu'en une quantité médiocre, ou même
ne se trouve pas du tout, je suis forcé d'aider à la

production de ce qui me manque, et comme je ne puis mettre la main à tant de choses, je *proposerai* à d'autres hommes, mes collaborateurs dans des fonctions diverses, de me céder une partie de leurs produits en *échange* du mien (Proudhon, t. Ier, chap. II).

M. Proudhon se propose de nous expliquer avant tout la double nature de la valeur, « *la distinction dans la valeur* », le mouvement qui fait de la valeur d'utilité la valeur d'échange. Il importe de nous arrêter avec M. Proudhon à cet acte de transsubstantiation. Voici comment cet acte s'accomplit d'après notre auteur.

Un très grand nombre de produits ne se trouvent pas dans la nature, ils se trouvent au bout de l'industrie. Supposez que les besoins dépassent la production spontanée de la nature, l'homme est forcé de recourir à la production industrielle. Qu'est-ce que cette industrie, dans la supposition de M. Proudhon ? Quelle en est l'origine ? Un seul homme éprouvant le besoin d'un très grand nombre de choses « ne peut mettre la main à tant de choses ». Tant de besoins à satisfaire supposent tant de choses à produire — il n'y a pas de produits sans production ; — tant de choses à produire ne supposent déjà plus la main d'un seul homme aidant à les produire. Or, du moment que vous supposez plus d'une main aidant à la production, vous avez déjà supposé toute une production, basée sur la division du travail. Ainsi le besoin, tel que M. Proudhon le suppose, suppose lui-même toute la division du travail. En supposant la division du travail, vous avez l'échange et conséquemment la valeur d'échange. Autant aurait valu supposer de prime abord la valeur d'échange.

Mais M. Proudhon a mieux aimé faire le tour. Suivons-le dans tous ses détours, pour revenir toujours à son point de départ.

Pour sortir de l'état de choses où chacun produit en solitaire, et pour arriver à l'échange, « je m'adresse », dit M. Proudhon, « à mes collaborateurs dans des fonctions diverses ». Donc, moi, j'ai des collaborateurs, qui tous ont des fonctions diverses, sans que pour cela moi et tous les autres, toujours d'après la supposition de M. Proudhon, nous soyons sortis de la position solitaire et peu sociale des Robinson. Les collaborateurs et les fonctions diverses, la division du travail, et l'échange qu'elle indique, sont tout trouvés.

Résumons : j'ai des besoins fondés sur la division du travail et sur l'échange. En supposant ces besoins M. Proudhon se trouve avoir supposé l'échange, la valeur d'échange, dont il se propose précisément de « noter la génération avec plus de soin que les autres économistes ».

M. Proudhon aurait pu tout aussi bien intervertir

l'ordre des choses, sans intervertir pour cela la justesse de ses conclusions. Pour expliquer la valeur en échange, il faut l'échange. Pour expliquer l'échange, il faut la division du travail. Pour expliquer la division du travail, il faut des besoins qui nécessitent la division du travail. Pour expliquer ces besoins, il faut les « *supposer* », ce qui n'est pas les nier, contrairement au premier axiome du prologue de M. Proudhon : « Supposer Dieu c'est le nier. » (Prologue, p. 1.)

Comment M. Proudhon, pour lequel la division du travail est supposée connue, s'y prend-il pour expliquer la valeur d'échange, qui pour lui est toujours l'inconnu ?

« Un homme » s'en va « *proposer* à d'autres hommes, ses collaborateurs dans des fonctions diverses », d'établir l'échange et de faire une distinction entre la valeur usuelle et la valeur échangeable. En acceptant cette distinction proposée, les collaborateurs n'ont laissé à M. Proudhon d'autre « soin » que de prendre acte du fait, de marquer, « de noter » dans son *Traité d'économie politique* « la génération de l'idée de la valeur ». Mais il nous doit toujours, à nous, d'expliquer « la génération » de cette proposition, de nous dire enfin comment ce seul homme, ce Robinson, a eu tout à coup l'idée de faire « à ses collaborateurs » une proposition du genre *connu*, et comment ces collaborateurs l'ont acceptée sans protestation aucune.

M. Proudhon n'entre pas dans ces détails généalogiques. Il donne simplement au fait de l'échange une manière de cachet historique en le présentant sous la forme d'une motion, qu'un tiers aurait faite, tendant à établir l'échange.

Voilà un échantillon de « *la méthode historique et descriptive* » de M. Proudhon, qui professe un dédain superbe pour la « méthode historique et descriptive » des Adam Smith et des Ricardo.

L'échange a son histoire à lui. Il a passé par différentes phases.

Il fut un temps, comme au moyen âge, où l'on n'échangeait que le superflu, l'excédent de la production sur la consommation.

Il fut encore un temps où non seulement le superflu, mais tous les produits, toute l'existence industrielle était passée dans le commerce, où la production tout entière dépendait de l'échange. Comment expliquer cette deuxième phase de l'échange — la valeur vénale à sa deuxième puissance ?

M. Proudhon aurait une réponse toute prête : Mettez qu'un homme ait « *proposé* à d'autres hommes, ses collaborateurs dans des fonctions diverses, » d'élever la valeur vénale à sa deuxième puissance.

Vint enfin un temps où tout ce que les hommes

avaient regardé comme inaliénable devint objet d'échange, de trafic et pouvait s'aliéner. C'est le temps où les choses mêmes qui jusqu'alors étaient communiquées, mais jamais échangées ; données, mais jamais vendues ; acquises, mais jamais achetées, — vertu, amour, opinion, science, conscience, etc., — où tout enfin passa dans le commerce. C'est le temps de la corruption générale, de la vénalité universelle, ou, pour parler en termes d'économie politique, le temps où toute chose, morale ou physique, étant devenue valeur vénale, est portée au marché pour être appréciée à sa plus juste valeur.

Comment expliquer encore cette nouvelle et dernière phase de l'échange — la valeur vénale à sa troisième puissance ?

M. Proudhon aurait une réponse toute prête : Mettez qu'une personne ait « *proposé* à d'autres personnes, ses collaborateurs dans des fonctions diverses, » de faire de la vertu, de l'amour, etc., une valeur vénale, d'élever la valeur d'échange à sa troisième et dernière puissance.

On le voit, « la méthode historique et descriptive » de M. Proudhon est bonne à tout, elle répond à tout, elle explique tout. S'agit-il surtout d'expliquer historiquement « la génération d'une idée économique », il suppose un homme qui propose à d'autres hommes, ses collaborateurs dans des fonctions diverses, d'accomplir cet acte de génération, et tout est dit.

Désormais nous acceptons « la génération » de la valeur d'échange comme un acte accompli ; il ne reste maintenant qu'à exposer le rapport de la valeur d'échange à la valeur d'utilité. Ecoutons M. Proudhon.

« Les économistes ont très bien fait ressortir le double caractère de la valeur ; mais ce qu'ils n'ont pas rendu avec la même netteté, c'est sa *nature contradictoire* ; ici commence notre critique... C'est peu d'avoir signalé dans la valeur utile et dans la valeur échangeable cet étonnant contraste, où les économistes sont accoutumés à ne voir rien que de très simple : il faut montrer que cette prétendue simplicité cache un mystère profond que notre devoir est de pénétrer... En termes techniques la valeur utile et la valeur échangeable sont en raison inverse l'une de l'autre. »

Si nous avons bien saisi la pensée de M. Proudhon, voici les quatre points qu'il se propose d'établir ;

1° La valeur utile et la valeur échangeable forment « un contraste étonnant », se font opposition.

2° La valeur utile et la valeur échangeable sont en raison inverse l'une de l'autre, en contradiction ;

3° Les économistes n'ont ni vu ni connu l'opposition ni la contradiction ;

4° La critique de M. Proudhon commence par la fin.

Nous aussi nous commencerons par la fin, et pour disculper les économistes des accusations de M. Proudhon, nous laisserons parler deux économistes assez importants.

Sismondi : « C'est l'opposition entre la valeur usuelle et la valeur échangeable à laquelle le commerce a réduit toute chose, etc. » (*Études*, tome II, page 162, édition de Bruxelles.)

Lauderdale : « En général, la richesse nationale (la valeur utile) diminue à proportion que les fortunes individuelles s'accroissent par l'augmentation de la valeur vénale ; et à mesure que celles-ci se réduisent par la diminution de cette valeur, la première augmente généralement. » (*Recherches sur la nature et l'origine de la richesse publique* ; traduit par Largentil de Lavaise. Paris, 1808.)

Sismondi a fondé sur *l'opposition* entre la valeur usuelle et la valeur échangeable, sa principale doctrine, d'après laquelle la diminution du revenu est proportionnelle à l'accroissement de la production.

Lauderdale a fondé son système sur la raison inverse des deux espèces de valeur, et sa doctrine était même tellement populaire du temps de *Ricardo*, que celui-ci pouvait en parler comme d'une chose généralement connue. « C'est en confondant les idées de la valeur vénale et des richesses (valeur utile) qu'on a prétendue qu'en diminuant la quantité des choses nécessaires, utiles ou agréables à la vie, on pouvait augmenter les richesses. » (Ricardo, *Principes d'économie politique*, traduits par Constancio, annotés par J.-B. Say. Paris, 1835 ; tome II, chapitre *Sur la valeur et les richesses*.)

Nous venons de voir que les économistes, avant M. Proudhon, ont « signalé » le mystère profond d'opposition et de contradiction. Voyons maintenant comment M. Proudhon explique à son tour ce mystère après les économistes.

La valeur échangeable d'un produit baisse à mesure que l'offre va croissant, la demande restant la même ; en d'autres termes : plus un produit est abondant *relativement à la demande*, plus sa valeur échangeable ou son prix est bas. *Vice-versa* : plus l'offre est faible relativement à la demande, plus la valeur échangeable ou le prix du produit offert hausse ; en d'autres termes, plus il y a rareté des produits offerts relativement à la demande, plus il y a cherté. La valeur d'échange d'un produit dépend de son abondance ou de sa rareté, mais toujours par rapport à la demande. Supposez un produit plus que rare, unique dans son genre, je le veux bien : ce produit unique sera plus qu'abondant, il sera superflu, s'il n'est pas demandé. En revanche, supposez un produit multiplié à millions, il sera toujours rare, s'il ne suffit pas à la demande, c'est-à-dire s'il est trop demandé.

Ce sont là de ces vérités, nous dirons presque banales, et qu'il a fallu cependant reproduire ici, pour faire comprendre les mystères de M. Proudhon.

« Tellement qu'en suivant le principe jusqu'aux dernières conséquences on arriverait à conclure, le plus logiquement du monde, que les choses dont 'usage est nécessaire et la quantité infinie, doivent être pour rien, et celles dont l'utilité est nulle et la rareté extrême, d'un prix inestimable. Pour comble d'embarras, la pratique n'admet point ces extrêmes : d'un côté, aucun produit humain ne saurait jamais atteindre l'infini en grandeur ; de l'autre, les choses les plus rares ont besoin à un degré quelconque d'être utiles, sans quoi elles ne seraient susceptibles d'aucune valeur. La valeur utile et la valeur échangeable restent donc fatalement enchaînées l'une à l'autre, bien que par leur nature elles tendent continuellement à s'exclure. » (Tome Iᵉʳ, page 39).

Qu'est-ce qui met le comble à l'embarras de M. Proudhon ? C'est qu'il a tout simplement oublié la *demande,* et qu'une chose ne saurait être rare ou abondante qu'autant qu'elle est demandée. Une fois la demande mise de côté, il assimile la valeur échangeable à la *rareté* et la valeur utile à l'*abondance.*

Effectivement, en disant que les choses « dont l'*uti-lité* est *nulle* et la *rareté extrême* sont d'un *prix inestimable* », il dit tout simplement que la valeur en échange n'est que la rareté. «Rareté extrême et utilité nulle », c'est la rareté pure. « Prix inestimable », c'est le maximum de la valeur échangeable, c'est la valeur échangeable toute pure. Ces deux termes, il les met en équation. Donc, valeur échangeable et rareté sont des termes équivalents. En arrivant à ces prétendues « conséquences extrêmes », M. Proudhon se trouve en effet avoir poussé à l'extrême, non pas les choses, mais les termes qui les expriment, et en cela il fait preuve de rhétorique bien plus que de logique. Il retrouve ses hypothèses premières dans toute leur nudité, quand il croit avoir trouvé de nouvelles conséquences. Grâce au même procédé, il réussit à identifier la valeur utile avec l'abondance pure.

Après avoir mis en équation la valeur échangeable et la rareté, la valeur utile et l'abondance, M. Proudhon est tout étonné de ne trouver ni la valeur utile dans la rareté et la valeur échangeable, ni la valeur échangeable dans l'abondance et la valeur utile ; et en voyant que la pratique n'admet point ces extrêmes, il ne peut plus faire autrement que de croire au mystère. Il y a pour lui prix inestimable, parce qu'il n'y a pas d'acheteurs, et il n'en trouvera jamais, tant qu'il fait abstraction de la demande.

D'un autre côté, l'abondance de M. Proudhon semble être quelque chose de spontané. Il oublie tout à fait qu'il y a des gens qui la produisent, et qu'il est de l'intérêt de ceux-ci de ne jamais perdre de vue la demande. Sinon, comment M. Proudhon aurait-il pu dire que les choses qui sont très utiles doivent être à très bas prix ou même ne coûter rien ? Il lui aurait fallu conclure, au contraire, qu'il faut restreindre l'abondance, la production des choses très utiles, si l'on veut en élever le prix, la valeur d'échange.

Les anciens vignerons de France, en sollicitant une loi qui interdisait la plantation de nouvelles vignes ; les Hollandais, en brûlant les épices de l'Asie, en déracinant les girofliers dans les Moluques, voulaient tout simplement réduire l'abondance pour élever la valeur d'échange. Tout le moyen âge, en limitant par des lois le nombre des compagnons qu'un seul maître pouvait occuper, en limitant le nombre des instruments qu'il pouvait employer, agissait d'après ce même principe. (Voy. Anderson, *Histoire du commerce*.)

Après avoir représenté l'abondance comme la valeur utile, et la rareté comme la valeur échangeable, — rien de plus facile que de démontrer que l'abondance et la rareté sont en raison inverse, —

M. Proudhon identifie la valeur utile à l'*offre* et la valeur échangeable à la *demande*. Pour rendre l'antithèse encore plus tranchée, il fait une substitution de termes en mettant « *valeur d'opinion* » à la place de *valeur échangeable*. Voilà donc que la lutte a changé de terrain, et nous avons d'un côté l'*utilité* (la valeur en usage, l'offre), de l'autre l'*opinion* (la valeur échangeable, la demande).

Ces deux puissances opposées l'une à l'autre, qui les conciliera ? Comment faire pour les mettre d'accord ? Pourrait-on seulement établir entre elles un point de comparaison ?

« Certes, s'écrie M. Proudhon, il y en a un ; c'est l'*arbitraire*. Le prix qui résultera de cette lutte entre l'offre et la demande, entre l'utilité et l'opinion, ne sera pas l'expression de la justice éternelle. »

M. Proudhon continue à développer cette antithèse :

« En ma qualité d'*acheteur libre*, je suis juge de mon besoin, juge de la convenance de l'objet, juge du prix que je *veux* y mettre. D'autre part, en votre qualité de *producteur libre*, vous êtes maître des *moyens d'exécution*, et, en conséquence, vous avez la faculté de réduire vos frais. » (Tome Ier, p. 42).

Et comme la demande ou la valeur en échange est identique avec l'opinion, M. Proudhon est amené à dire :

« Il est prouvé que c'est le *libre arbitre* de l'homme qui donne lieu à l'opposition entre la valeur utile et la valeur en échange. Comment résoudre cette opposition tant que subsistera le libre arbitre ? Et comment sacrifier celui-ci, à moins de sacrifier l'homme ? » (Tome Ier, page 51).

Ainsi il n'y pas de résultat possible. Il y a une lutte entre deux puissances pour ainsi dire incommensurables, entre l'utile et l'opinion, entre l'acheteur libre et le producteur libre.

Voyons les choses d'un peu plus près.

L'offre ne représente pas exclusivement l'utilité, la demande ne représente pas exclusivement l'opinion. Celui qui demande n'offre-t-il pas aussi un produit quelconque ou le signe représentatif de tous les produits, l'argent, et en offrant ne représente-t-il pas, d'après M. Proudhon, l'utilité ou la valeur en usage ?

D'un autre côté, celui qui offre ne demande-t-il pas aussi un produit quelconque ou le signe représentatif de tous les produits ? Et ne devient-il pas ainsi le représentant de l'opinion, de la valeur d'opinion ou de la valeur en échange ?

La demande est en même temps une offre, l'offre est en même temps une demande. Ainsi l'antithèse de M. Proudhon, en identifiant simplement l'offre et la demande, l'une à l'utilité, l'autre à l'opinion, ne repose que sur une abstraction futile.

Ce que M. Proudhon appelle valeur utile, d'autres économistes l'appellent avec autant de raison valeur d'opinion. Nous ne citerons que Storch. (*Cours d'économie politique*, Paris, 1823, pp. 88 et 99.)

Selon lui, on appelle *besoins* les choses dont nous sentons le besoin ; on appelle *valeurs* les choses auxquelles nous attribuons de la valeur. La plupart des choses ont seulement de la valeur parce qu'elles satisfont aux besoins engendrés par l'opinion. L'opinion sur nos besoins peut changer, donc l'utilité des choses qui n'exprime qu'un rapport de ces choses à nos besoins peut changer aussi. Les besoins naturels eux-mêmes changent continuellement. Quelle variété n'y a-t-il pas, en effet, dans les objets qui servent de nourriture principale chez les différents peuples !

La lutte ne s'établit pas entre l'utilité et l'opinion : elle s'établit entre la valeur vénale que demande l'offreur, et la valeur vénale qu'offre le demandeur. La valeur échangeable du produit est chaque fois la résultante de ces appréciations contradictoires.

En dernière analyse, l'offre et la demande mettent en présence la production et la consommation, mais la production et la consommation fondées sur les échanges individuels.

Le produit qu'on offre n'est pas l'utile en lui-même. C'est le consommateur qui en constate l'utilité. Et lors même qu'on lui reconnaît la qualité d'être utile, il n'est pas exclusivement l'utile. Dans le cours de la production, il a été échangé contre tous les frais de production, tels que les matières premières, les salaires des ouvriers, etc., toutes choses qui sont valeurs vénales. Donc le produit représente, aux yeux du producteur, une somme de valeurs vénales. Ce qu'il offre, ce n'est pas seulement un objet utile, mais encore et surtout une valeur vénale.

Quant à la demande, elle ne sera effective qu'à la condition d'avoir à sa disposition des moyens d'échange. Ces moyens eux-mêmes sont des produits, des valeurs vénales.

Dans l'offre et la demande nous trouvons donc, d'un côté, un produit qui a coûté des valeurs vénales, et le besoin de vendre ; de l'autre, des moyens qui ont coûté des valeurs vénales, et le désir d'acheter.

M. Proudhon oppose l'*acheteur libre* au *producteur libre*. Il donne à l'un et à l'autre des qualités purement métaphysiques. C'est ce qui lui fait dire : « Il est prouvé que c'est le *libre arbitre* de l'homme qui donne lieu à l'opposition entre la valeur utile et la valeur en échange. »

Le producteur, du moment qu'il a produit dans une société fondée sur la division du travail et sur les échanges, et c'est là l'hypothèse de M. Proudhon, est forcé de vendre. M. Proudhon fait le producteur maître des moyens de production ; mais il conviendra avec nous que ce n'est pas du *libre arbitre* que dépendent ses moyens de production. Il y a plus ; ces moyens de production sont en grande partie des produits qui lui viennent du dehors, et dans la production moderne il n'est pas même libre de produire la quantité qu'il veut. Le degré actuel du développement des forces productives l'oblige de produire sur telle ou telle échelle.

Le consommateur n'est pas plus libre que le producteur. Son opinion repose sur ses moyens et ses besoins. Les uns et les autres sont déterminés par sa situation sociale, laquelle dépend elle-même de l'organisation sociale tout entière. Oui, l'ouvrier qui achète des pommes de terre, et la femme entretenue qui achète des dentelles, suivent l'un et l'autre leur opinion respective. Mais la diversité de leurs opinions s'explique par la différence de la position qu'ils occupent dans le monde, laquelle est le produit de l'organisation sociale.

Le système des besoins tout entier est-il fondé sur l'opinion ou sur toute l'organisation de la production ? Le plus souvent les besoins naissent directement de la production, ou d'un état de choses basé sur la production. Le commerce de l'univers roule presque en entier sur des besoins, non de la consommation individuelle, mais de la production. Ainsi, pour choisir un autre exemple, le besoin que l'on a des notaires ne suppose-t-il pas un droit civil donné, qui n'est qu'une expression d'un certain développement de la propriété, c'est-à-dire de la production ?

Il ne suffit pas à M. Proudhon d'avoir éliminé du rapport de l'offre et de la demande les éléments dont nous venons de parler. Il pousse l'abstraction aux dernières limites, en fondant tous les producteurs en *un seul* producteur, tous les consommateurs en *un seul* consommateur, et en établissant la lutte entre ces deux personnages chimériques. Mais dans le monde réel les choses se passent autrement. La concurrence entre ceux qui offrent et la concurrence entre ceux qui demandent, forment un élément nécessaire de la lutte entre les acheteurs et les vendeurs, d'où résulte la valeur vénale.

Après avoir éliminé les frais de production et la concurrence, M. Proudhon peut tout à son aise, réduire à l'absurde la formule de l'offre et de la demande.

« L'offre et la demande, dit-il, ne sont autre chose que deux *formes cérémonielles* servant à mettre en présence la valeur d'utilité et la valeur d'échange, et à provoquer leur conciliation. Ce sont les pôles électriques dont la mise en rapport doit produire le phénomène d'affinité appelé *échange*. » (T. Ier, pages 49 et 50).

Autant vaut dire que l'échange n'est qu'une « forme cérémonielle », pour mettre en présence le consommateur et l'objet de la consommation. Autant vaut dire que tous les rapports économiques sont des « formes cérémonielles », pour servir d'intermédiaires. L'offre et la demande sont des rapports d'une production donnée, ni plus ni moins que les échanges individuels.

Ainsi, toute la dialectique de M. Proudhon en quoi consiste-t-elle ? A substituer à la valeur utile et à la valeur échangeable, à l'offre et à la demande, des notions abstraites et contradictoires, telles que la rareté et l'abondance, l'utile et l'opinion, *un* producteur et *un* consommateur, tous les deux *chevaliers du libre arbitre*.

Et à quoi voulait-il en venir ?

A se ménager le moyen d'introduire plus tard un des éléments qu'il avait écartés, les *frais de production*, comme la *synthèse* entre la valeur utile et la valeur échangeable. C'est ainsi qu'à ses yeux les frais de production constituent la *valeur synthétique* ou la *valeur constituée*.

§ 2. — LA VALEUR CONSTITUÉE OU LA VALEUR SYNTHÉTIQUE

« La valeur (vénale) est la pierre angulaire de l'édifice économique. » La valeur « *constituée* » est la pierre angulaire du système des contradictions économiques.

Qu'est-ce donc que cette « *valeur constituée* » qui constitue toute la découverte de M. Proudhon en économie politique ?

L'utilité une fois admise, le travail est la source de la valeur. La mesure du travail, c'est le temps. La valeur relative des produits est déterminée par le temps du travail qu'il a fallu employer pour les produire. Le prix est l'expression monétaire de la valeur relative d'un produit. Enfin, la valeur *constituée* d'un produit est tout simplement la valeur qui se constitue par le temps du travail y fixé.

De même qu'Adam Smith a découvert la *division du travail*, de même lui, M. Proudhon, prétend avoir découvert la « *valeur constituée* ». Ce n'est pas précisément « quelque chose d'inouï », mais aussi faut-il convenir, qu'il n'y a rien d'inouï dans aucune découverte de la science économique. M. Proudhon, qui sent toute l'importance de son invention, cherche cependant à en atténuer le mérite » afin de rassurer le lecteur sur ses prétentions à l'originalité, et de se réconcilier les esprits que leur timidité rend peu favorables aux idées nouvelles ». Mais à mesure qu'il fait la part de ce que chacun de ses prédécesseurs a fait pour l'appréciation de la valeur, il est forcément amené à avouer tout haut, que c'est à lui qu'en revient la plus large part, la part du lion.

« L'idée synthétique de la valeur avait été vaguement aperçue par Adam Smith... Mais cette idée de la valeur était tout intuitive chez A. Smith : or, la société ne change pas ses habitudes sur la foi d'intuitions : elle ne se décide que sur l'autorité des faits. Il fallait que l'antinomie s'exprimât d'une manière plus sensible et plus nette : J.-B. Say fut son principal interprète. »

Voilà l'histoire toute faite de la découverte de la valeur synthétique : à Adam Smith l'intuition vague, à J.-B. Say l'antinomie, à M. Proudhon la vérité constituante et « constituée ». Et que l'on ne s'y méprenne pas : tous les autres économistes, de Say à Proudhon, n'ont fait que se traîner dans l'ornière de 'antinomie. « Il est incroyable que tant d'hommes de sens se démènent depuis quarante ans contre une idée si simple. Mais non, *la comparaison des valeurs s'effectue sans qu'il y ait entre elles aucun point de comparaison et sans unité de mesure* : — voilà, plutôt que d'embrasser la théorie révolutionnaire de l'égalité, ce que les *économistes du XIXe siècle* ont résolu de soutenir envers et contre tous. *Qu'en dira la postérité ?* » (T. Ier, page 68.)

La postérité, si brusquement apostrophée, commencera par être brouillée sur la chronologie. Elle doit nécessairement se demander : Ricardo et son école ne sont-ils donc pas des économistes du xixe siècle ? Le système de Ricardo, qui pose en principe « que la valeur relative des marchandises tient exclusivement à la quantité de travail requise pour leur production », remonte à 1817. Ricardo est le chef de toute une école, qui règne en Angleterre depuis la Restauration. La doctrine ricardienne résume rigoureusement, impitoyablement, toute la bourgeoisie moderne. « Qu'en dira la postérité ? » Elle ne dira pas que M. Proudhon n'a point connu Ricardo, car il en parle, il en parle longuement, il y revient toujours et finit par dire que c'est du « fatras ». Si jamais la postérité s'en mêle, elle dira peut-être que M. Proudhon, craignant de choquer l'anglophobie de ses lecteurs, a mieux aimé se faire l'éditeur responsable des idées de Ricardo. Quoi qu'il en soit, elle trouvera fort naïf que M. Proudhon donne comme « théorie révolutionnaire de l'avenir », ce que Ricardo a scientifiquement exposé comme la théorie de la société actuelle, de la société bourgeoise, et qu'il prenne ainsi pour la solution de l'antinomie entre l'utilité et la valeur en échange ce que Ricardo et son école ont longtemps avant lui présenté comme la formule scientifique d'un seul côté de l'antinomie, de la *valeur en échange*. Mais mettons pour toujours la postérité de côté, et confrontons M Proudhon avec son prédécesseur Ricardo. Voici quelques passages de cet auteur, qui résument sa doctrine sur la valeur :

« Ce n'est pas l'utilité qui est la mesure de la *valeur échangeable* quoiqu'elle lui soit absolument nécessaire. » (P. 3, t. Ier des *Principes de l'économie politique*, etc., traduits de l'anglais par J.-S. Constancio, Paris, 1835).

« Les choses, une fois qu'elles sont reconnues utiles par elles-mêmes, tirent leur valeur échangeable de deux sources : de leur rareté et de la quantité de travail nécessaire pour les acquérir. Il y a des choses dont la valeur ne dépend que de leur rareté. Nul travail ne pouvant en augmenter la quantité, leur valeur ne peut baisser par leur plus grande abondance. Tels sont les statues ou les tableaux précieux, etc. Cette valeur dépend uniquement des facultés, des goûts et du caprice de ceux qui ont envie de posséder de tels objets. » (N°s 4 et 5, t. Ier, *l. c.*) « Ils ne forment cependant qu'une très petite partie des marchandises qu'on échange journellement. Le plus grand nombre des objets que l'on désire posséder étant le

fruit de l'industrie, on peut les multiplier, non seulement dans un pays, mais dans plusieurs, à un degré
auquel il est presque impossible d'assigner des bornes, toutes les fois qu'on voudra y employer l'industrie
nécessaire pour les créer. » (P. 5, t. Ier, *l. c.*) « Quand
donc nous parlons de marchandises, de leur valeur
échangeable et des principes qui règlent leur prix
relatif, nous n'avons en vue que celles de ces marchandises dont la quantité peut s'accroître par l'industrie de l'homme, dont la production est encouragée
par la concurrence et n'est contrariée par aucune
entrave. » (T. Ier. p. 5).

Ricardo cite A. Smith, qui, selon lui, « a défini
avec *beaucoup de précision* la source primitive de
toute valeur échangeable » (ch. v, t. Ier de Smith), et
il ajoute :

« Que telle soit en réalité la base de la valeur
échangeable de toutes les choses (savoir, le temps du
travail), excepté de celles que l'industrie des hommes
ne peut multiplier à volonté, c'est un point de doctrine de la plus haute importance en économie politique : car il n'est point de source d'où se soient écou-
lées autant d'erreurs, et d'où soient nées tant d'opinions diverses dans cette science, que le sens vague
et peu précis que l'on attache au mot *valeur*. » (P. 8,
t. Ier.) « Si c'est la quantité de travail fixée dans une
chose qui règle sa valeur échangeable, il s'ensuit que

toute augmentation dans la quantité du travail doit nécessairement augmenter la valeur de l'objet auquel il a été employé, et de même toute diminution de travail doit en diminuer le prix. » (P. 9, t. Ier).

Ricardo reproche ensuite à A. Smith :

1° « De donner à la valeur une mesure autre que le travail, tantôt la valeur du blé, tantôt la quantité de travail, qu'une chose peut acheter, etc. » (T. Ier, p. 9 et 10.)

2° « D'avoir admis sans réserve le principe et d'en restreindre cependant l'application à l'état primitif et grossier de la société, qui précède l'accumulation des capitaux et la propriété des terres. » (T. Ier, p. 21.)

Ricardo s'attache à démontrer que la propriété des terres, c'est-à-dire la rente, ne saurait changer la valeur relative des denrées, et que l'accumulation des capitaux n'exerce qu'une action passagère et oscillatoire sur les valeurs relatives déterminées par la quantité comparative de travail employée à leur production. A l'appui de cette thèse, il donne sa fameuse théorie de la rente foncière, décompose le capital, et en vient, en dernière analyse à n'y trouver que du travail accumulé. Il développe ensuite toute une théorie du salaire et du profit, et démontre que le salaire et le profit ont leurs mouvements de hausse et de baisse, en raison inverse l'un de l'autre, sans influer sur la valeur relative du produit. Il ne néglige pas l'influence que l'accumulation des capitaux et la différence de leur nature (capitaux fixes et capitaux circulants), ainsi que le taux des salaires, peuvent exercer sur la valeur proportionnelle des produits. Ce sont même les principaux problèmes qui occupent Ricardo.

« Toute économie dans le travail, dit-il, ne manque jamais de faire baisser la valeur relative d'une marchandise, soit que cette économie porte sur le travail nécessaire à la fabrication de l'objet même, ou bien sur le travail nécessaire à la formation du capital employé dans cette production. » (T. Iᵉʳ, p. 48.) « Par conséquent, tant qu'une journée de travail continuera à donner à l'un la même quantité de poisson et à l'autre autant de gibier, le taux naturel des prix respectifs d'échange restera toujours le même, quelle que soit, d'ailleurs, la variation dans les salaires et dans le profit, et malgré tous les effets de l'accumulation du capital. » (T. Iᵉʳ, p. 32.) « Nous avons regardé le travail comme le fondement de la valeur des choses, et la quantité de travail nécessaire à leur production comme la règle qui détermine les quantités respectives des marchandises que l'on doit donner en échange pour d'autres : mais nous n'avons pas prétendu nier qu'il n'y eût dans le prix courant des marchandises, quelque déviation accidentelle et passagère de ce prix primitif et naturel. » (T. Iᵉʳ, p. 105, *loc. cit.*) « Ce sont les frais de production qui règlent, en dernière analyse, les prix des choses, et non, comme on l'a souvent avancé, la proportion entre l'offre et la demande. » (T. II, p. 253).

Lord Lauderdale avait développé les variations de la valeur échangeable selon la loi de l'offre et de la demande, ou de la rareté et de l'abondance relativement à la demande. Selon lui, la valeur d'une chose peut augmenter lorsque la quantité en diminue ou que la demande en augmente ; elle peut diminuer en raison de l'augmentation de sa quantité ou en raison de la diminution de la demande. Ainsi, la valeur d'une chose peut changer par l'opération de huit causes différentes, savoir des quatre causes appliquées à cette chose même, et des quatre causes appliquées à l'argent ou à toute autre marchandise qui sert de mesure de sa valeur. Voici la réfutation de Ricardo :

« Des produits dont un particulier ou une compagnie ont le *monopole* varient de valeur d'après la loi que Lord Lauderdale a posée : ils baissent à proportion qu'on les offre en plus grande quantité, et ils haussent avec le désir que montrent les acheteurs de les acquérir ; leur prix n'a point de rapport nécessaire avec leur valeur naturelle. Mais quant aux choses qui sont sujettes à la concurrence parmi les vendeurs et dont la quantité peut s'augmenter dans des bornes modérées, leur prix dépend en définitive, non de l'état de la demande et de l'approvisionnement, mais bien de l'augmentation des frais de production. » (T. II, page 159.)

Nous laisserons au lecteur le soin de faire la comparaison entre le langage si précis, si clair, si simple de Ricardo, et les efforts de rhétorique que fait M. Proudhon, pour arriver à la détermination de la valeur relative par le temps du travail.

Ricardo nous montre le mouvement réel de la production bourgeoise, qui constitue la valeur. M. Proudhon, faisant abstraction de ce mouvement réel, « se démène » pour inventer de nouveaux procédés, afin de régler le monde d'après une formule prétendue nouvelle, qui n'est que l'expression théorique du mouvement réel existant et si bien exposé par Ricardo. Ricardo prend son point de départ dans la société actuelle, pour nous démontrer comment elle constitue la valeur : M. Proudhon prend pour point de départ la valeur constituée, pour constituer un nouveau monde social au moyen de cette valeur. Pour lui, M. Proudhon, la valeur constituée doit faire le tour et redevenir constituante pour un monde déjà tout constitué d'après ce mode d'évaluation. La détermination de la valeur par le temps du travail est, pour Ricardo, la loi de la valeur échangeable : pour M. Proudhon, elle est la synthèse de la valeur utile et de la valeur échangeable. La théorie des valeurs de Ricardo est l'interprétation scientifique de la vie économique actuelle : la théorie des valeurs de M. Proudhon est l'interprétation utopique de la théorie de Ricardo. Ricardo constate la vérité de sa formule en la faisant dériver de tous les rapports économiques, et en expliquant par ce moyen tous les phénomènes, même ceux qui, au premier abord, semblent la contredire, comme la rente, l'accumulation des capitaux et le rapport des salaires aux profits ; c'est là précisément ce qui fait de sa doctrine un système scientifique : M. Proudhon, qui a retrouvé cette formule de Ricardo au moyen d'hypothèses tout à fait arbitraires, est forcé ensuite de chercher des faits économiques isolés qu'il torture et falsifie, afin de les faire passer pour des exemples, des applications déjà existantes, des commencements de réalisation de son idée régénératrice. (Voir notre § 3, *Application de la val. cons.*)

Passons maintenant aux conclusions que M. Proudhon tire de la valeur constituée (par le temps du travail).

— Une certaine quantité de travail équivaut au produit créé par cette même quantité de travail.

— Toute journée de travail vaut une autre journée de travail ; c'est-à-dire, à quantité égale, le travail de l'un vaut le travail de l'autre : il n'y a pas de différence qualificative. A quantité égale de travail, le produit de l'un se donne en échange pour le produit de l'autre. Tous les hommes sont des travailleurs salariés, et des salariés également payés pour un temps égal de travail. L'égalité parfaite préside aux échanges.

Ces conclusions sont-elles les conséquences naturelles, rigoureuses de la valeur « constituée » ou déterminée par le temps du travail ?

Si la valeur relative d'une marchandise est déterminée par la quantité de travail requise pour la produire, il s'ensuit naturellement que la valeur relative du travail, ou le salaire, est également déterminée par la quantité de travail qu'il faut pour produire le salaire. Le salaire, c'est-à-dire la valeur relative ou le prix du travail, est donc déterminé par le temps du travail qu'il faut pour produire tout ce qui est nécessaire à l'entretien de l'ouvrier. « *Diminuez les frais de la fabrication* des chapeaux et leur prix finira par tomber à leur nouveau prix naturel, quoique la demande puisse doubler, tripler ou quadrupler. *Diminuez les frais de l'entretien des hommes*, en diminuant le prix naturel de la nourriture et des vêtements qui soutiennent la vie, et vous verrez les salaires finir par baisser quoique la demande de bras ait pu s'accroître considérablement. » (Ricardo, tome II, page 253.)

Certes, le langage de Ricardo est on ne peut plus cynique. Mettre sur la même ligne les frais de la fabrication des chapeaux et les frais de l'entretien de l'homme, c'est transformer l'homme en chapeau. Le cynisme est dans les choses et non dans les mots qui expriment les choses. Des écrivains français, tels que MM. Droz, Blanqui, Rossi et autres, se donnent l'innocente satisfaction de prouver leur supériorité sur les économistes anglais, en cherchant à observer l'étiquette d'un langage « humanitaire » ; s'ils reprochent à Ricardo et à son école leur langage cynique, c'est qu'ils sont vexés de voir exposer les rapports économiques dans toute leur crudité, de voir trahis les mystères de la bourgeoisie.

Résumons : le travail, étant lui-même marchandise, se mesure comme tel par le temps du travail qu'il faut pour produire le travail-marchandise Et que faut-il pour produire le travail-marchandise ? Tout juste ce qu'il faut de temps de travail pour produire les objets indispensables à l'entretien incessant du travail, c'est-à-dire à faire vivre le travailleur et à le mettre en état de propager sa race. Le prix naturel du travail n'est autre chose que le minimum du salaire. Si le prix courant du salaire s'élève au-dessus du prix naturel, c'est précisément parce que la loi de la valeur, posée en principe par M. Proudhon, se trouve contre-balancée par les conséquences des variations du rapport de l'offre et de la demande. Mais le minimum du salaire n'en reste pas moins le centre vers lequel gravitent les prix courants du salaire.

Ainsi la valeur relative, mesurée par le temps du travail, est fatalement la formule de l'esclavage moderne de l'ouvrier, au lieu d'être, comme M. Proudhon le veut, la « théorie révolutionnaire » de l'émancipation du prolétariat.

Voyons maintenant en combien de cas l'application du temps du travail comme mesure de la valeur est incompatible avec l'antagonisme existant des classes et l'inégale rétribution du produit entre le travailleur immédiat et le possesseur du travail accumulé.

Supposons un produit quelconque, par exemple, la toile. Ce produit, comme tel, renferme une quantité de travail déterminée. Cette quantité de travail sera toujours la même, quelle que soit la situation réciproque de ceux qui ont concouru à créer ce produit.

Prenons un autre produit : du drap, qui aurait exigé la même quantité de travail que la toile.

S'il y a échange de ces produits, il y a échange de quantités égales de travail. En échangeant ces quantités égales de travail, on ne change pas la situation réciproque des producteurs, pas plus qu'on ne change quelque chose à la situation des ouvriers et des fabricants entre eux. Dire que cet échange des produits mesurés par le temps a pour conséquence la rétribution égalitaire de tous les producteurs, c'est supposer que l'égalité de participation au produit a subsisté antérieurement à l'échange. Que l'échange du drap contre la toile soit accompli, les producteurs du drap participeront à la toile dans une proportion égale à celle dans laquelle ils avaient auparavant participé au drap.

L'illusion de M. Proudhon provient de ce qu'il prend comme conséquence ce qui ne pourrait être, tout au plus, qu'une supposition gratuite.

Allons plus loin.

Le temps de travail, comme mesure de la valeur, suppose-t-il du moins que les journées sont *équivalentes*, et que la journée de l'un vaut la journée de l'autre ? Non.

Mettons un instant que la journée d'un bijoutier équivale à trois journées d'un tisserand ; toujours est-il que tout changement de la valeur des bijoux relativement aux tissus, à moins d'être le résultat passager des oscillations de la demande et de l'offre, doit avoir pour cause une diminution ou une augmentation du temps de travail employé d'un côté ou de l'autre à la production. Que trois jours de travail de différents travailleurs soient entre eux comme 1, 2, 3, et tout changement dans la valeur relative de leurs produits, sera un changement dans cette proportion de 1, 2, 3. Ainsi, on peut mesurer les valeurs par le temps de travail, malgré l'inégalité de la valeur des différentes journées de travail ; mais, pour appliquer une pareille mesure, il nous faut avoir une échelle comparative des différentes journées de travail : c'est la concurrence qui établit cette échelle.

Votre heure de travail vaut-elle la mienne ? C'est une question qui se débat par la concurrence.

La concurrence, d'après un économiste américain, détermine combien de journées de travail simple sont contenues dans une journée de travail compliqué. Cette réduction de journées de travail compliqué à des journées de travail simple ne suppose-t-elle pas qu'on prend le travail simple lui-même pour mesure de la valeur ? La seule quantité de travail servant de mesure à la valeur sans égard à la qualité suppose à son tour que le travail simple est devenu le pivot de l'industrie. Elle suppose que les travaux se sont égalisés par la subordination de l'homme sous la machine ou par la division extrême du travail ; que les hommes s'effacent devant le travail ; que le balancier de la pendule est devenu la mesure exacte de l'activité relative de deux ouvriers, comme il l'est de la célérité de deux locomotives. Alors, il ne faut pas dire qu'une heure d'un homme vaut une heure d'un autre homme, mais plutôt qu'un homme d'une heure vaut un autre homme d'une heure. Le temps est tout, l'homme n'est plus rien ; il est tout au plus la carcasse du temps. Il n'y est plus question de la qualité. La quantité seule décide de tout : heure pour heure, journée pour journée ; mais cette égalisation du travail n'est point l'œuvre de l'éternelle justice de M. Proudhon ; elle est tout bonnement le fait de l'industrie moderne.

Dans l'atelelier automatique, le travail d'un ouvrier ne se distingue presque plus en rien du travail d'un autre ouvrier : les ouvriers ne peuvent plus se distinguer entre eux que par la quantité de temps qu'ils mettent à travailler. Néanmoins, cette différence quantitative devient, sous un certain point de vue, qualitative, en tant que le temps à donner au travail dépend, en partie, de causes purement matérielles, telles que la constitution physique, l'âge, le sexe ; en partie, de causes morales purement négatives, telles que la patience, l'impassibilité, l'assiduité. Enfin, s'il y a une différence de qualité dans le travail des ouvriers, c'est tout au plus une qualité de la dernière qualité, qui est loin d'être une spécialité distinctive. Voilà quel est, en dernière analyse, l'état des choses dans l'industrie moderne. C'est sur cette égalité déjà réalisée du travail automatique que M. Proudhon prend son rabot « d'égalisation », qu'il se propose de réaliser universellement dans « le temps à venir ».

Toutes les conséquences « égalitaires » que

M. Proudhon tire de la doctrine de Ricardo reposent sur une erreur fondamentale. C'est qu'il côfond la valeur des marchandises mesurée par la quantité de travail y fixée avec la valeur des marchandises mesurée par « *la valeur du travail* ». Si ces deux manières de mesurer la valeur des marchandises se confondaient en une seule, on pourrait dire indifféremment : la valeur relative d'une marchandise quelconque est mesurée par la quantité de travail y fixée ; ou bien : elle est mesurée par la quantité de travail qu'elle est à même d'acheter ; ou bien encore : elle est mesurée par la quantité de travail qui est à même de l'acquérir. Mais il s'en faut bien qu'il en soit ainsi. La valeur du travail ne saurait pas plus servir de mesure à la valeur que la valeur de toute autre marchandise. Quelques exemples suffiront pour expliquer mieux encore ce que nous venons de dire.

Si le muid de blé coûtait deux journées de travail au lieu d'une seule, il aurait le double de sa valeur primitive : mais il ne mettrait pas en mouvement la double quantité de travail, car il ne contiendrait pas plus de matière nutritive qu'auparavant. Ainsi, la valeur du blé mesurée par la quantité de travail employé à le produire aurait doublé ; mais mesurée, ou par la quantité de travail qu'il peut acheter, ou par la quantité de travail par laquelle il peut être acheté, elle serait loin d'avoir doublé. D'un autre côté, si le même travail produisait le double de vêtements qu'auparavant, la valeur relative en tomberait de moitié ; mais, néanmoins, cette double quantité de vêtements ne serait pas pour cela réduite à ne commander que la moitié de la quantité de travail, ou le même travail ne pourrait pas commander la double quantité de vêtements ; car la moitié des vêtements continuerait toujours à rendre à l'ouvrier le même service qu'auparavant.

Ainsi, déterminer la valeur relative des denrées par la valeur du travail est contre les faits économiques. C'est se mouvoir dans un cercle vicieux, c'est déterminer la valeur relative par une valeur relative qui, à son tour, a besoin d'être déterminée.

Il est hors de doute que M. Proudhon confond les deux mesures, la mesure par le temps du travail nécessaire pour la production d'une marchandise, et la mesure par la valeur du travail. « Le travail de tout homme, dit-il, peut acheter la valeur qu'il enferme. » Ainsi, selon lui, une certaine quantité de travail fixé dans un produit équivaut à la rétribution du travailleur, c'est-à-dire à la valeur du travail. C'est encore la même raison qui l'autorise à confondre les frais de production avec les salaires.

« Qu'est-ce que le salaire ? C'est le prix de revient du blé, etc., c'est le prix intégrant de toute chose. » Allons plus loin encore : « Le salaire est la proportionnalité des éléments qui composent la richesse. » Qu'est-ce que le salaire ? C'est la valeur du travail.

Adam Smith prend pour mesure de la valeur, tantôt le temps du travail nécessaire à la production d'une marchandise, tantôt la valeur du travail. Ricardo a dévoilé cette erreur en faisant clairement voir la disparité de ces deux manières de mesurer. M. Proudhon renchérit sur l'erreur d'Adam Smith en identifiant les deux choses, dont l'autre n'avait fait qu'une juxtaposition.

C'est pour trouver la juste proportion dans laquelle les ouvriers doivent participer aux produits, ou, en d'autres termes, pour déterminer la valeur relative du travail, que M. Proudhon cherche une mesure de la valeur relative des marchandises. Pour déterminer la mesure de la valeur relative des marchandises, il n'imagine rien de mieux que de donner pour équivalent d'une certaine quantité de travail la somme des produits qu'elle a créés, ce qui revient à supposer que toute la société ne consiste qu'en travailleurs immédiats, recevant pour salaire leur propre produit. En second lieu, il pose, en fait, l'équivalence des journées des divers travailleurs. En résumé, il cherche la mesure de la valeur relative des marchandises, pour trouver la rétribution égale des travailleurs, et il prend comme une donnée déjà toute trouvée l'égalité des salaires, pour s'en aller chercher la valeur relative des marchandises. Quelle admirable dialectique !

« Say et les économistes qui l'ont suivi ont observé que le travail étant lui-même sujet à l'évaluation, une marchandise comme une autre enfin, il y avait cercle vicieux à la prendre pour principe et cause efficiente de la valeur. Ces économistes, qu'ils me permettent de le dire, ont fait preuve en cela d'une prodigieuse inattention. Le travail est dit *valoir* non pas en tant que marchandise lui-même, mais en vue des valeurs qu'on suppose renfermées puissanciellement en lui. La valeur du travail est une expression figurée, une anticipation de la cause sur l'effet. C'est une fiction au même titre que la *productivité du capital.* Le travail produit, le capital vaut... Par une sorte d'ellipse on dit la valeur du travail... Le travail comme la liberté .. est chose vague et indéterminée de sa nature, mais qui se définit qualitativement par son objet, c'est-à-dire qu'il devient une réalité par le produit.

« Mais qu'est-il besoin d'insister ? Dès lors que l'économiste (lisez M. Proudhon) change le nom des choses, *vera rerum vocabula*, il avoue implicitement son impuissance et se met hors de cause. »(Proudhon, I, 188.)

Nous avons vu que M. Proudhon fait de la valeur du travail « la cause efficiente » de la valeur des produits, au point que pour lui le *salaire*, nom officiel de « la valeur du travail », forme le prix intégrant de toute chose. Voilà pourquoi l'objection de Say le trouble. Dans le travail-marchandise, qui est d'une réalité effrayante, il ne voit qu'une ellipse grammaticale. Donc toute la société actuelle, fondée sur le travail-marchandise, est désormais fondée sur une licence poétique, sur une expression figurée. La société veut-elle « éliminer tous les inconvénients » qui la travaillent, eh bien ! qu'elle élimine les termes malsonnants, qu'elle change de langage, et pour cela elle n'a qu'à s'adresser à l'Académie pour lui demander une nouvelle édition de son dictionnaire. D'après tout ce que nous venons de voir, il nous est facile de comprendre pourquoi M. Proudhon, dans un ouvrage d'économie politique, a dû rentrer dans de longues dissertations sur l'étymologie et d'autres parties de la grammaire. Ainsi, il en est encore à discuter savamment la dérivation surannée de *servus a servare*. Ces dissertations philologiques ont un sens profond, un sens ésotérique, elles font une partie essentielle de l'argumentation de M. Proudhon.

Le travail, la force du travail, en tant qu'il se vend et s'achète, est une marchandise comme toute autre marchandise, et a, par conséquent, une valeur d'échange. Mais la valeur du travail, ou le travail, en tant que marchandise, produit tout aussi peu que la valeur du blé ou le blé, en tant que marchandise, sert de nourriture.

Le travail « vaut » plus ou moins, selon que les denrées alimentaires sont plus ou moins chères, selon que l'offre et la demande des bras existent à tel ou tel degré, etc., etc.

Le travail n'est point une « chose vague » ; c'est toujours un travail déterminé, ce n'est jamais le travail en général que l'on vend et que l'on achète. Ce n'est pas seulement le travail qui se définit qualitativement par l'objet, mais c'est encore l'objet qui est determiné par la qualité spécifique du travail.

Le travail, en tant qu'il se vend et s'achète, est marchandise lui-même. Pourquoi l'achète-t-on ? « En vue des valeurs qu'on suppose renfermées puissanciellement en lui. » Mais si l'on dit que telle chose est une marchandise, il ne s'agit plus du but dans lequel on l'achète, c'est-à-dire de l'utilité que l'on veut en tirer, de l'application que l'on veut en faire. Elle est marchandise comme objet de trafic. Tous les raisonnements de M. Proudhon se bornent à ceci : on n'achète pas le travail comme objet immédiat de consommation. Non, on l'achète comme instrument de production, comme on achèterait une machine. En tant que marchandise, le travail vaut et ne produit pas. M. Proudhon aurait pu dire tout aussi bien qu'il n'existe pas de marchandise du tout, puisque toute marchandise n'est acquise que dans un but d'utilité quelconque et jamais comme marchandise en elle-même.

En mesurant la valeur des marchandises par le travail, M. Proudhon entrevoit vaguement l'impossibilité de dérober à cette même mesure le travail en tant qu'il a une valeur, le travail-marchandise. Il pressent que c'est faire du minimum du salaire le prix naturel et normal du travail immédiat, que c'est accepter l'état actuel de la société. Aussi, pour se soustraire à cette conséquence fatale, il fait volte-face et prétend que le travail n'est pas une marchandise, qu'il ne saurait pas avoir une valeur. Il oublie qu'il a pris lui-même pour mesure la valeur du travail, il oublie que tout son système repose sur le travail-marchandise, sur le travail qui se troque, se vend et s'achète, s'échange contre les produits, etc. ; sur le travail enfin qui est une source immédiate de revenu pour le travailleur. Il oublie tout.

Pour sauver son système, il consent à en sacrifier la base.

Et propter vitam vivendi perdere causas !

Nous arrivons maintenant à une nouvelle détermination de la « valeur *constituée* ».

« La valeur est le *rapport de la proportionnalité* des produits qui composent la richesse. »

Remarquons d'abord que le simple mot de « valeur relative ou échangeable » implique l'idée d'un rapport quelconque, dans lequel les produits s'échangent réciproquement. Qu'on donne à ce rapport le nom de « rapport de proportionnalité », on n'a rien changé à la valeur relative, si ce n'est l'expression. Ni la dépréciation, ni le surhaussement de la valeur d'un produit ne détruisent la qualité qu'il a de se trouver dans un « rapport de proportionnalité » quelconque avec les autres produits qui forment la richesse.

Pourquoi donc ce nouveau terme, qui n'apporte pas une nouvelle idée ?

Le « rapport de proportionnalité » fait penser à beaucoup d'autres rapports économiques, tel que la proportionnalité de la production, la juste proportion entre l'offre et la demande, etc. ; et M. Proudhon a pensé à tout cela en formulant cette paraphrase didactique de la valeur vénale.

En premier lieu, la valeur relative des produits étant déterminée par la quantité comparative du travail employé à la production de chacun d'eux, le rapport de la proportionnalité, appliqué à ce cas spécial, signifie la quotité respective des produits qui peuvent être fabriqués dans un temps donné et qui, par conséquent, se donnent en échange.

Voyons quel parti M. Proudhon tire de ce rapport de proportionnalité.

Tout le monde sait que, lorsque l'offre et la demande s'équilibrent, la valeur relative d'un produit quelconque est exactement déterminée par la quantité de travail qui y est fixée, c'est-à-dire que cette valeur relative exprime le rapport de la proportionnalité précisément dans le sens que nous venons d'y attacher. M. Proudhon intervertit l'ordre des choses. Commencez, dit-il, par mesurer la valeur relative d'un produit par la quantité de travail qui y est fixée, et alors l'offre et la demande s'équilibreront infailliblement. La production correspondra à la consommation, le produit sera toujours échangeable. Son prix courant exprimera exactement sa juste valeur. Au lieu de dire avec tout le monde : quand le temps est beau, on voit beaucoup de monde se promener, M. Proudhon fait promener son monde pour pouvoir lui assurer du beau temps.

Ce que M. Proudhon donne comme la conséquence de la valeur vénale déterminée *a priori* par le temps du travail, ne pourrait se justifier que par une loi, rédigée à peu près en ces termes :

Les produits seront désormais échangés en raison exacte du temps de travail qu'ils ont coûté. Quelle que soit la proportion de l'offre à la demande, l'échange des marchandises se fera toujours comme si elles avaient été produites proportionnellement à la demande. Que M. Proudhon prenne sur lui de formuler et de faire une pareille loi, et nous lui passerons les preuves. S'il tient au contraire à justifier sa théorie, non en législateur, mais en économiste, il aura à prouver que le *temps* qu'il faut pour créer une marchandise indique exactement son degré d'*utilité* et marque son rapport de proportionnalité à la demande, par conséquent à l'ensemble des richesses. En ce cas, si un produit se vend à un prix égal à ses frais de production, l'offre et la demande s'équilibreront toujours ; car les frais de production sont censés exprimer le vrai rapport de l'offre à la demande.

Effectivement M. Proudhon s'attache à prouver que le temps du travail qu'il faut pour créer un produit marque sa juste proportion aux besoins, de telle sorte que les choses dont la production coûte le moins de temps, sont le plus immédiatement utiles, et ainsi de suite graduellement. Déjà la seule production d'un objet de luxe prouve, selon cette doctrine, que la société a du temps de reste qui lui permet de satisfaire à un besoin de luxe.

La preuve même de sa thèse, M. Proudhon la trouve dans l'observation que les choses les plus utiles coûtent le moins de temps de production, que la société commence toujours par les industries les plus faciles, et que successivement elle « s'attaque à la production des objets qui coûtent le plus de temps de travail et qui correspondent à des besoins d'un ordre plus élevé. »

M. Proudhon emprunte à M. Dunoyer l'exemple de l'industrie extractive, — cueillette, pâture, chasse, pêche, etc., — qui est l'industrie la plus simple, la moins coûteuse et par laquelle l'homme a commencé « le premier jour de sa deuxième création ». Le premier jour de sa première création est consigné dans la Genèse, qui nous fait voir en Dieu le premier industriel du monde.

Les choses se passent tout autrement que ne le pense M. Proudhon. Au moment même où la civilisation commence, la production commence à se fonder sur l'antagonisme des ordres, des états, des classes, enfin sur l'antagonisme du travail accumulé et du travail immédiat. Pas d'antagonisme, pas de progrès. C'est la loi que la civilisation a suivie jusqu'à nos jours. Jusqu'à présent les forces productives se sont développées grâce à ce régime de l'antagonisme des classes. Dire maintenant que, parce que tous les besoins de tous les travailleurs étaient satisfaits, les hommes pouvaient se livrer à la création des produits d'un ordre supérieur, à des industries plus compliquées, ce serait faire abstraction de l'antagonisme des classes et bouleverser tout le développement historique. C'est comme si l'on voulait dire que, parce qu'on nourrissait des murènes dans des piscines artificielles, sous les empereurs romains, on avait de quoi nourrir abondamment toute la population romaine ; tandis que, bien au contraire, le peuple romain manquait du nécessaire pour acheter du pain, et les aristocrates romains ne manquaient pas d'esclaves pour les donner en pâture aux murènes.

Le prix des vivres a presque continuellement haussé, tandis que le prix des objets manufacturés et de luxe a presque continuellement baissé. Prenez l'industrie agricole elle-même : les objets les plus indispensables, tel que le blé, la viande, etc., haussent de prix, tandis que le coton, le sucre, le café, etc., baissent continuellement dans une proportion surprenante. Et même parmi les comestibles proprement dits, les objets de luxe, tels que les artichauts, les asperges, etc., sont aujourd'hui relativement à meilleur marché que les comestibles de première nécessité. A notre époque, le superflu est plus facile à produire que le nécessaire. Enfin, à diverses époques historiques, les rapports réciproques des prix sont non seulement différents, mais opposés. Dans tout le moyen âge, les produits agricoles étaient relativement à meilleur marché que les produits manufacturés ; dans le temps moderne ils sont en raison inverse. L'utilité des produits agricoles a-t-elle pour cela diminué depuis le moyen âge ?

L'usage des produits est déterminé par les conditions sociales dans lesquelles se trouvent placés les consommateurs, et ces conditions elles-mêmes reposent sur l'antagonisme des classes.

Le coton, les pommes de terre et l'eau-de-vie sont des objets du plus commun usage. Les pommes de terre ont engendré les écrouelles ; le coton a chassé en grande partie le lin et la laine, bien que la laine et le lin soient, en beaucoup de cas, d'une plus grande utilité, ne fût-ce que sous le rapport de l'hygiène ; l'eau-de-vie, enfin, l'a emporté sur la bière et le vin, bien que l'eau-de-vie employée comme substance alimentaire soit généralement reconnue comme un poison. Pendant tout un siècle les gouvernements luttèrent vainement contre l'opium européen ; l'économie prévalut, elle dicta des ordres à la consommation.

Pourquoi donc le coton, la pomme de terre et l'eau-de-vie sont-ils les pivots de la société bourgeoise ? Parce qu'il faut, pour les produire, le moins de travail, et qu'ils sont par conséquent au plus bas prix. Pourquoi le minimum du prix décide-il du maximum de la consommation ? Serait-ce par hasard à cause de l'utilité absolue de ces objets, de leur utilité intrinsèque, de leur utilité en tant qu'ils correspondent de la manière la plus utile aux besoins de l'ouvrier comme homme, et non de l'homme comme ouvrier ? Non, c'est parce que, dans une société fondée sur la *misère*, les produits les plus *misérables* ont la prérogative fatale de servir à l'usage du plus grand nombre.

Dire maintenant que, parce que les choses les moins coûteuses sont d'un plus grand usage elles doivent être de la plus grande utilité, c'est dire que l'usage si répandu de l'eau-de-vie, à cause du peu de frais de sa production, est la preuve la plus concluante de son utilité ; c'est dire au prolétaire que la pomme de terre lui est plus salutaire que la viande ; c'est accepter l'état de choses existant ; c'est faire enfin, avec M. Proudhon, l'apologie d'une société sans la comprendre.

Dans une société à venir, où l'antagonisme des classes aurait cessé, où il n'y aurait plus de classes, l'usage ne serait plus déterminé par le *minimum* du temps de production ; mais le temps de production sociale qu'on consacrerait aux différents objets serait déterminé par leur degré d'utilité sociale.

Pour revenir à la thèse de M. Proudhon, du moment que le temps du travail nécessaire à la production d'un objet n'est point l'expression de son degré d'utilité, la valeur d'échange de ce même objet, déterminée d'avance par le temps du travail y fixé, ne saura jamais régler le juste rapport de l'offre à la demande, c'est-à-dire le rapport de proportionnalité dans le sens que M. Proudhon y attache pour le moment.

Ce n'est point la vente d'un produit quelconque au prix de ses frais de production qui constitue « le rapport de proportionnalité » de l'offre à la demande, ou la quotité proportionnelle de ce produit relativement à l'ensemble de la production ; ce sont les *variations de la demande et de l'offre* qui désignent au producteur la quantité dans laquelle il faut produire une marchandise donnée, pour recevoir en échange au moins les frais de production. Et comme ces variations sont continuelles, il y a aussi mouvement continuel de retrait et d'application des capitaux, quant aux différentes branches de l'industrie.

« Ce n'est qu'en raison de pareilles variations que les capitaux sont consacrés précisément dans la *proportion* requise, et non au delà, à la production des différentes marchandises pour lesquelles il y a demande. Par la hausse ou la baisse des prix, les profits s'élèvent au-dessus ou tombent au-dessous de leur niveau général, et par là les capitaux sont attirés ou détournés de l'emploi particulier qui vient d'éprouver l'une ou l'autre de ces variations. » — « Si nous portons les yeux sur les marchés des grandes villes, nous verrons avec quelle régularité ils sont pourvus de toutes sortes de denrées, nationales et étrangères, dans la quantité requise, et quelque différente qu'en soit la demande par l'effet du caprice, du goût où par les variations dans la population ; sans qu'il y ait souvent engorgement par un approvisionnement surabondant, ni cherté excessive par la faiblesse de l'approvisionnement comparée à la demande : l'on doit convenir que le principe qui distribue le capital dans chaque branche d'industrie, dans *les proportions exactement convenables*, est plus puissant qu'on ne le suppose en général. » (Ricardo, t. I, p. 105 et 108).

Si M. Proudhon accepte la valeur des produits comme déterminée par le temps du travail, il doit accepter également le mouvement oscillatoire, qui, seul, fait du travail la mesure de la valeur. Il n'y a pas de « rapport de proportionnalité » tout constitué, il n'y a qu'un mouvement constituant.

Nous venons de voir dans quel sens il est juste de parler de la « proportionnalité », comme d'une conséquence de la valeur déterminée par le temps du travail. Nous allons voir maintenant comment cette mesure par le temps, appelée par M. Proudhon « loi de proportionnalité », se transforme en loi de *disproportionnalité*.

Toute nouvelle invention qui permet de produire en une heure ce qui a été produit jusqu'ici en deux heures déprécie tous les produits homogènes qui se trouvent sur le marché. La concurrence force le producteur à vendre le produit de deux heures à aussi bon marché que le produit d'une heure. La concurrence réalise la loi selon laquelle la valeur relative d'un produit est déterminée par le temps du travail nécessaire pour le produire. Le temps du travail servant de mesure à la valeur vénale devient ainsi la loi d'une *dépréciation* continuelle du travail. Nous dirons plus. Il y aura dépréciation non seulement pour les marchandises apportées sur le marché, mais aussi pour les instruments de production, et pour tout un atelier. Ce fait, Ricardo le signale déjà, en disant : « En augmentant constamment la facilité de production, nous diminuons constamment la valeur de quelques-unes des choses produites auparavant. » (Tome II, p. 58.) Sismondi va plus loin. Il voit, dans cette « valeur *constituée* » par le temps de travail, la source de toutes les contradictions de l'industrie et du commerce modernes. « La valeur mercantile, dit-il, est toujours fixée, en dernière analyse, sur la quantité de travail nécessaire pour se procurer la chose évaluée : ce n'est pas celle qu'elle a actuellement coûté, mais celle qu'elle coûterait désormais avec des moyens peut-être perfectionnés ; et cette quantité, quoiqu'elle soit difficile à apprécier, est toujours établie avec fidélité par la concurrence... C'est sur cette base qu'est calculée la demande du vendeur aussi bien que l'offre de l'acheteur. Le premier affirmera peut être que la chose lui a coûté dix journées de travail ; mais si l'autre reconnaît qu'elle peut désormais s'accomplir avec huit journées de travail, si la concurrence en apporte la démonstration aux deux contractants, ce sera à huit journées seulement que se réduira la valeur et que s'établira le prix du marché. L'un et l'autre contractants ont bien, il est vrai, la notion que la chose est utile, qu'elle est désirée, que sans désir il n'y aurait point de vente ; mais la fixation du prix ne conserve aucun rapport avec l'utilité. » (*Etudes*, etc., t. II, p. 267, édit. de Bruxelles.)

Il est important d'insister sur ce point, que ce qui détermine la valeur, ce n'est point le temps dans lequel une chose a été produite, mais le *minimum* de temps dans lequel elle est susceptible d'être produite, et ce minimum est constaté par la concurrence. Supposez un instant qu'il n'y ait plus de concurrence et par conséquent plus de moyen de constater le minimum de travail nécessaire pour la production d'une denrée, qu'en arrivera-t-il ? Il suffira de mettre à la production d'un objet six heures de travail, pour être en droit, d'après M. Proudhon, d'exiger en échange six fois autant que celui qui n'aura mis qu'une heure à la production du même objet.

Au lieu d'un « rapport de proportionnalité », nous avons un rapport de disproportionnalité, si toutefois nous tenons à rester dans les rapports, bons ou mauvais.

La dépréciation continuelle du travail n'est qu'un seul côté, qu'une seule conséquence de l'évaluation des denrées par le temps de travail. Le surhaussement des prix, la surproduction, et bien d'autres phénomènes d'anarchie industrielle, trouvent leur interprétation dans ce mode d'évaluation.

Mais le temps du travail servant de mesure à la valeur, fait-il du moins naître la variété proportionnelle dans les produits qui charme tant M. Proudhon ?

Tout au contraire, le monopole dans toute sa monotonie vient à sa suite envahir le monde des produits, de même qu'au vu et au su de tout le monde, le monopole envahit le monde des instruments de production. Il n'appartient qu'à quelques branches de l'industrie, comme à l'industrie cotonnière, de faire des progrès très rapides. La conséquence naturelle de ces progrès, c'est que les produits de la manufacture cotonnière, par exemple, baissent rapidement de prix ; mais à mesure que le prix du coton baisse, le prix du lin doit comparativement hausser. Qu'en arrivera-t-il ? le lin sera remplacé par le coton. C'est de cette manière que le lin a été chassé de presque toute l'Amérique du Nord. Et nous avons obtenu, au lieu de la variété proportionnelle des produits, le règne du coton.

Que reste-t-il de ce « rapport de proportionnalité » ? Rien que le vœu d'un honnête homme, qui voudrait que les marchandises se produisissent dans des proportions telles qu'elles pussent se vendre à un prix honnête. De tout temps, les bons bourgeois et les économistes philanthropes se sont plu à former ce vœu innocent.

Laissons parler le vieux *Bois-Guillebert* :

« Le prix des denrées, dit-il, doit toujours être *proportionné*, n'y ayant que cette intelligence qui les puisse faire vivre ensemble, *pour se donner à tout moment* (voilà l'échangeabilité continuelle de M. Proudhon), et recevoir réciproquement la naissance les unes des autres... Comme la richesse, donc, n'est que ce mélange continuel d'homme à homme, de métier à métier, etc., c'est un aveuglement effroyable que d'aller chercher la cause de la misère ailleurs que dans la cessation d'un pareil commerce, arrivée par le dérangement des proportions dans les prix. » (*Dissertation sur la nature des richesses*, édit. Daire.)

Ecoutons aussi un économiste moderne :

« Une grande loi qu'on doit appliquer à la production, c'est la *loi de la proportionnalité* (the law of proportion), qui, seule, peut préserver la continuité de la valeur... L'équivalent doit être garanti... Toutes les nations ont essayé à diverses époques, au moyen de nombreux règlements et restrictions commerciales, de réaliser jusqu'à un certain point cette loi de proportionnalité ; mais l'égoïsme, inhérent à la nature de l'homme, l'a poussé à bouleverser tout ce régime réglementaire. Une production proportionnée (*proportionate production*), c'est la réalisation de la vérité entière de la science de l'économie sociale. » (W. Atkinson, *Principles of Political Economy*, London, 1840, p. 170-195.)

Fuit Troja. Cette juste proportion entre l'offre et la demande, qui recommence à faire l'objet de tant de vœux, a depuis longtemps cessé d'exister. Elle a passé à l'état de vieillerie. Elle n'a été possible qu'aux époques où les moyens de production étaient bornés, où l'échange s'agitait dans des limites extrêmement restreintes. Avec la naissance de la grande industrie, cette juste proportion dut cesser, et la production est fatalement contrainte à passer, dans une succession perpétuelle, par les vicissitudes de prospérité, de dépression, de crise, de stagnation, de nouvelle prospérité et ainsi de suite.

Ceux qui, comme Sismondi, veulent revenir à la juste proportionnalité de la production, tout en conservant les bases actuelles de la société, sont réactionnaires, puisque, pour être conséquents, ils doivent aussi vouloir ramener toutes les autres conditions de l'industrie des temps passés.

Qu'est-ce qui maintenait la production dans des

proportions justes ou à peu près ? C'était la demande qui commandait à l'offre, qui la précédait. La production suivait pas à pas la consommation. La grande industrie, forcée par les instruments mêmes dont elle dispose à produire sur une échelle toujours plus large, ne peut plus attendre la demande. La production précède la consommation, l'offre force la demande.

Dans la société actuelle, dans l'industrie basée sur les échanges individuels, l'anarchie de la production, qui est la source de tant de misère, est en même temps la source de tout progrès.

Ainsi de deux choses, l'une :

Ou vous voulez les justes proportions des siècles passés avec les moyens de production de notre époque, alors vous êtes à la fois réactionnaire et utopiste.

Ou vous voulez le progrès dans l'anarchie : alors, pour conserver les forces productives, abandonnez les échanges individuels.

Les échanges individuels ne s'accordent qu'avec la petite industrie des siècles passés, et son corollaire de « juste proportion », ou bien encore avec la grande industrie et tout son cortège de misère et d'anarchie.

Après tout, la détermination de la valeur par le temps du travail, c'est-à-dire la formule que M. Proudhon nous donne comme la formule régénératrice de l'avenir, n'est donc que l'expression scientifique des rapports économiques de la société actuelle, ainsi que Ricardo l'a clairement et nettement démontré bien avant M. Proudhon.

Mais au moins l'application « *égalitaire* » de cette formule appartient-elle à M. Proudhon ? Est-ce lui qui, le premier, a imaginé de réformer la société en transformant tous les hommes en travailleurs immédiats, échangeant des quantités de travail égales ? Est-ce bien à lui de faire aux communistes — ces gens dépourvus de toute connaissance en économie politique, ces « hommes obstinément bêtes », ces « rêveurs paradisiaques » — le reproche de n'avoir pas trouvé, avant lui, cette « solution du problème du prolétariat » ?

Quiconque est tant soit peu familiarisé avec le mouvement de l'économie politique en Angleterre, n'est pas sans savoir que presque tous les socialistes de ce pays ont, à différentes époques, proposé l'application égalitaire de la théorie ricardienne. Nous pourrions citer à M. Proudhon : l'*Économie politique* de Hopkins, 1822 ; William Thompson : *An Inquiry into the Principles of the distribution of wealth, most conducive to human happiness*, 1827 ; T. R. Edmonds : *Practical, moral and political Economy*, 1828, etc., etc., et quatre pages d'*etc*. Nous nous contenterons de laisser parler un *communiste* anglais, M. Bray. Nous rapporterons les passages décisifs de son ouvrage remarquaquable : *Labour's wrongs and Labour's remedy*, Leeds, 1839, et nous nous y arrêterons assez longtemps, d'abord parce que M. Bray est peu connu en France, ensuite parce que nous croyons y avoir trouvé la clé des ouvrages passés, présents et futurs de M. Proudhon.

« Le seul moyen pour arriver à la vérité, c'est d'aborder de front les premiers principes. Remontons tout d'un coup à la source d'où les gouvernements mêmes dérivent. En allant ainsi à l'origine de la chose, nous trouverons que toute forme de gouvernement, que toute injustice sociale et gouvernementale provient du système social actuellement en vigueur — de *l'institution de la propriété telle qu'elle existe maintenant* (the institution of property as it at present exists), et qu'ainsi, pour mettre, à tout jamais, fin aux injustices et aux misères d'aujourd'hui, il faut *renverser de fond en comble l'état actuel de la société*... En attaquant les économistes sur leur propre terrain et avec leur propres armes, nous éviterons l'absurde bavardage sur les *visionnaires* et les *théoriciens*, qu'ils sont toujours prêts à étaler. A moins de nier ou de désapprouver les vérités et principes reconnus, sur lesquels ils fondent leurs propres arguments, les économistes ne pourront guère repousser les conclusions auxquelles nous arrivons par cette méthode (Bray, p. 17 et 41). C'est le *travail seul qui donne de la valeur* (It is labour alone which bestows value)... Chaque homme a un droit indubitable à tout ce que son travail honnête peut lui procurer. En s'appropriant ainsi les fruits de son travail, il ne commet aucune injustice à l'égard des autres hommes ; car il n'empiète point sur le droit de tout autre à agir de même... Toutes les idées de supériorité et d'infériorité, de maître et de salarié, naissent de ce qu'on a négligé les premiers principes, et qu'en conséquence l'*inégalité* s'est introduite dans la possession (and to the consequent rise of inequality of possessions). Aussi longtemps que cette inégalité sera maintenue, il sera impossible de déraciner de telles idées ou de renverser les institutions qui se fondent sur elles. Jusqu'à présent, on a toujours le vain espoir de remédier à un état de choses qui est contre la nature, tel qu'il nous régit maintenant, en détruisant l'*inégalité existante* et en laissant subsister la *cause* de l'inégalité ; mais nous démontrerons bientôt que le gouvernement n'est pas une cause, mais un effet, qu'il ne crée pas, mais qu'il est créé, — qu'en un mot, il est le *résultat de l'inégalité dans la possession* (the offspring of inequality of possessions), et que l'inégalité de possession est inséparablement liée au système social actuel. (Bray, p. 33, 36 et 37.)

« Le système de l'égalité a pour lui non seulement les plus grands avantages, mais aussi la stricte justice... Chaque homme est un anneau, et un anneau indispensable dans la chaîne des effets, qui prend son point de départ dans une idée, pour aboutir peut-être à la production d'une pièce de drap. Ainsi, de ce que nos goûts ne sont pas les mêmes pour les différentes professions, il ne faut pas conclure que le travail de l'un doit être mieux rétribué que celui de l'autre. L'inventeur recevra toujours, outre sa juste récompense en argent, le tribut de notre admiration, que le génie seul peut obtenir de nous...

« Par la nature même du travail et de l'échange, la stricte justice demande que tous les échangeurs aient des bénéfices, non seulement *mutuels*, mais *égaux* (all exchangers should be not only *mutually* but they should likewise be *equally* benefitted). Il n'y a que deux choses que les hommes puissent échanger entre eux, savoir : le travail et le produit du travail. Si les échanges s'opéraient d'après un système équitable, la valeur de tous les articles serait déterminée par *leurs frais de production complets* ; et *des valeurs égales s'échangeraient toujours contre des valeurs égales* (If a just system of exchanges were acted upon, the value of all articles would be determined by the entire cost of production, and equal values should always exchange for equal values). Si, par exemple, un chapelier met une journée à faire un chapeau, et le bottier le même temps à faire une paire de souliers (en supposant que la matière première qu'ils emploient ait la même valeur) et qu'ils échangent ces articles entre eux, le bénéfice qu'ils en retirent est en même temps mutuel et égal. L'avantage qui en découle pour chacune des parties ne peut être un désavantage pour l'autre, puisque chacune a fourni la même quantité de travail et que les matériaux dont elles s'étaient servies étaient de valeur égale. Mais si le chapelier avait obtenu *deux* paires de souliers contre *un* chapeau, toujours dans notre supposition première, il est évident que l'échange serait injuste. Le chapelier frustrerait le bottier d'une journée de travail ; et s'il en agissait ainsi dans tous ses échanges, il recevrait contre le travail *d'une demi-année* le produit de *toute une année* d'une autre personne. Jusqu'ici, nous avons toujours suivi ce système d'échange souverainement injuste : les ouvriers ont donné au capitaliste le travail de toute une année en échange de la valeur d'une demi-année (the workmen have given the capitalist the labour of a whole year, in exchange for the value of only half a year), — et c'est de là, et non pas d'une inégalité supposée dans les forces physiques et intellectuelles des individus, qu'est provenue l'inégalité de richesse et de pouvoir. L'inégalité des échanges, la différence des prix dans les achats et les ventes ne peut exister qu'à la condition qu'à tout jamais les capitalistes restent capitalistes et les ouvriers, ouvriers, — les uns une classe de tyrans, les autres une classe d'esclaves... Cette transaction prouve donc clairement que les capitalistes et les propriétaires ne font que donner à l'ouvrier, pour son travail d'une semaine, une partie de la richesse qu'ils ont obtenue de lui la semaine d'avant, c'est-à-dire que pour *quelque chose*, ils ne lui donnent *rien* (nothing for something)... La transaction entre le travailleur et le capitaliste est une vraie comédie ; dans le fait, elle n'est, en mainte circonstance, qu'un *vol* impudent quoique *légal*. (The whole transaction between the producer and the capitalist is a mere farce : it is, in fact, in thousands of instances, no other than a barefaced though *legal robbery*.) (Bray, p. 45, 48, 49 et 50.)

« Le bénéfice de l'entrepreneur ne cessera jamais d'être une perte pour l'ouvrier — jusqu'à ce que les échanges entre les parties soient égaux ; et les échanges ne peuvent être égaux aussi longtemps que la société est divisée entre capitalistes et producteurs, et que les derniers vivent de leur travail, tandis que les premiers s'enflent du profit de ce travail...

« Il est clair, continue M. Bray, que vous aurez beau établir telle ou telle forme de gouvernement... que vous aurez beau prêcher, au nom de la morale et de l'amour fraternel... la réciprocité est incompatible avec l'inégalité des échanges. L'inégalité des échanges, comme étant la source de l'inégalité des possessions, est l'ennemi secret qui nous dévore. » (No reciprocity can exist where there are unequal exchanges. Inequality of exchanges, as being the cause of inequality of possessions, is the secret enemy that devours us.) (Bray. p. 51 et 52.)

« La considération du but et de la fin de la société m'autorise à conclure, que non seulement tous les hommes doivent travailler et ainsi parvenir à pouvoir échanger, mais que des valeurs égales doivent s'échanger contre des valeurs égales. De plus, comme le bénéfice de l'un ne doit pas être une perte pour un autre, la valeur doit se déterminer par les frais de production. Pourtant nous avons vu que, sous le régime social actuel, le profit du capitaliste et de l'homme riche est toujours la perte de l'ouvrier — que ce résultat doit inévitablement s'ensuivre, et que le pauvre reste abandonné entièrement à la merci du riche, sous chaque forme de gouvernement, aussi longtemps que l'inégalité des échanges subsiste — et que l'égalité des échanges ne peut être assurée que par un régime social qui reconnaisse l'universalité du travail... L'égalité des échanges ferait graduellement passer la richesse des mains des capitalistes actuels dans celles des classes ouvrières. » (Bray, p. 54 et 55.)

« Aussi longtemps que ce système de l'inégalité des échanges sera en vigueur, les producteurs seront toujours aussi pauvres, aussi ignorants, aussi surchargés de travail, qu'ils le sont actuellement, quand même on *abolirait toutes les taxes, tous les impôts gouvernementaux*... Il n'y a qu'un changement total de système, l'introduction de l'égalité du travail et des échanges, qui puisse améliorer cet état de choses et assurer aux hommes la vraie égalité des droits... Les producteurs n'ont qu'à faire un effort — et c'est par eux que tout effort pour leur propre salut doit être fait — et leurs chaînes seront brisées à jamais... Comme but, l'égalité politique est une erreur, elle est même une erreur comme moyen. » (*As an end, the political equality is there a failure, as a means, also, it is there a failure.*)

« Avec l'egalité des échanges, le profit de l'un ne peut pas être la perte de l'autre : car tout échange n'est plus qu'un simple *transfert* de travail et de richesse, il n'exige aucun sacrifice. Ainsi, sous un système social basé sur l'égalité des échanges, le producteur pourra encore arriver à la richesse, au moyen de ses épargnes ; mais sa richesse ne sera plus que le produit accumulé de son propre travail. Il pourra échanger sa richesse ou la donner à d'autres ; mais il lui sera impossible de rester riche, pour un temps un peu prolongé, après qu'il aura cessé de travailler. Par l'égalité des échanges, la richesse perd le pouvoir actuel de se renouveler et de se reproduire pour ainsi dire par elle-même : elle ne pourra plus combler le vide que la consommation aura créé ; car, à moins d'être reproduite par le travail, la richesse une fois consommée est perdue à jamais. Ce que nous appelons maintenant *profits* et *intérêts* ne pourra plus exister sous le régime des échanges égaux. Le producteur et le distributeur y seraient également rétribués et c'est la somme totale de leur travail qui servirait à déterminer la valeur de tout article créé et mis à la portée du consommateur...

« Le principe de l'égalité dans les échanges doit donc, par sa nature même, amener le *travail universel.* » (Bray, p. 76, 88, 89, 92 et 109.)

Après avoir réfuté les objections des économistes contre le *communisme*, M. Bray continue ainsi :

« Si un changement de caractère est indispensable pour faire réussir un système social de communauté dans sa forme parfaite ; si, d'un autre côté, le régime actuel ne présente ni les circonstances, ni les facilités voulues pour arriver à ce changement de caractère et préparer les hommes à un état meilleur que nous désirons tous, il est évident que les choses doivent, de toute nécessité, rester telles qu'elles sont, à moins qu'on ne découvre et n'applique un terme social préparatoire, — un mouvement qui participe du système actuel comme du système à venir (du système de la communauté), — une espèce de halte intermédiaire, à laquelle la société puisse arriver avec tous ses excès et toutes ses folies, pour la quitter ensuite, riche de qualités et d'attributs qui sont les conditions vitales du système de communauté. » (Bray, p. 136.)

« Le mouvement tout entier n'exigerait que la coopération dans sa forme la plus simple... Les frais de production détermineraient, en toute circonstance, la valeur du produit, et des valeurs égales s'échangeraient toujours contre des valeurs égales. De deux personnes, dont l'une aurait travaillé une semaine entière, et l'autre une demi-semaine, la première recevrait le double de la rémunération de l'autre ; mais ce surplus de paie ne serait pas donné à l'un aux dépens de l'autre : la perte encourue par le dernier ne tomberait en aucune manière sur le premier. Chaque personne échangerait le salaire qu'elle aurait individuellement reçu contre des objets de la même valeur que son salaire, et, en aucun cas, le profit réalisé par un homme ou dans une industrie ne constituerait la perte d'un autre homme ou d'une autre branche d'industrie. Le travail de chaque individu serait la *seule mesure* de ses profits et de sa perte...

«... Au moyen de comptoirs (*boards of trade*) généraux et locaux, on déterminerait la quantité de différents objets exigée pour la consommation, et la valeur relative de chaque objet en comparaison avec les autres (le nombre d'ouvriers à employer dans les différentes branches de travail), en un mot, tout ce qui tient à la production et à la distribution sociale. Ces opérations se feraient, pour une nation, en aussi peu de temps et avec autant de facilité qu'elles se font, sous le régime actuel, pour une société particulière... Les individus se grouperaient en familles, les familles en communes, comme sous le régime actuel... on n'abolirait pas même directement la distribution de la population dans la ville et la campagne, toute mauvaise qu'elle est. Dans cette association, chaque individu continuerait de jouir de la liberté qu'il possède maintenant d'accumuler autant que bon lui semble, et de faire de ces accumulations l'usage qu'il jugerait convenable... Notre société sera pour ainsi dire une grande société par actions, composée d'un nombre infini de plus petites sociétés par actions, qui toutes travaillent, produisent et échangent leurs produits sur le pied de la plus parfaite égalité... Notre nouveau système de société par actions, qui n'est qu'une concession faite à la société actuelle, pour arriver au communisme, établie de manière à faire coexister la *propriété individuelle* des produits avec la *propriété en commun* des forces productives, fait dépendre le sort de chaque individu de sa propre activité, et lui accorde une part égale dans tous les avantages fournis par la nature et le progrès des arts. Par là elle peut s'appliquer à la société telle qu'elle existe, et la préparer à des changements ultérieurs. » (Bray, p. 158, 160, 162, 168, 194, et 199.)

Nous n'avons plus que quelques mots à répondre à M. Bray, qui, bien malgré nous et en dépit de nous, se trouve avoir supplanté M. Proudhon, à cela près que M. Bray, loin de vouloir posséder le dernier mot de l'humanité, propose seulement les mesures qu'il croit bonnes pour une époque de transition entre la société actuelle et le régime de la communauté.

Une heure de travail de Pierre s'échange contre une heure de travail de Paul. Voilà l'axiome fondamental de M. Bray.

Supposons que Pierre a douze heures de travail devant lui et que Paul n'en a que six : alors Pierre ne pourra faire avec Paul qu'un échange de six contre six. Pierre aura par conséquent six heures de travail de reste. Que fera-t-il de ces six heures de travail ?

Ou il n'en fera rien, c'est-à-dire qu'il aura travaillé six heures pour rien ; ou bien il chômera six autres heures pour se mettre en équilibre ; ou bien encore, et c'est là sa dernière ressource, il donnera à Paul ces six heures, dont il n'a que faire, par-dessus le marché.

Ainsi, au bout du compte, qu'est-ce que Pierre aura gagné sur Paul ? Des heures de travail, non. Il n'aura gagné que des heures de loisir : il sera forcé de faire le fainéant six heures durant. Et, pour que ce nouveau droit de fainéantise soit non seulement goûté, mais encore prisé dans la nouvelle société, il faut que celle-ci trouve sa plus haute félicité dans la paresse, et que le travail lui pèse comme une chaîne dont elle devra se débarrasser coûte que coûte. Et encore, pour revenir à notre exemple, si ces heures de loisir que Pierre a gagnées sur Paul étaient un gain réel ! Mais non, Paul, en commençant par ne travailler que six heures, arrive par un travail régulier et réglé au résultat que Pierre n'obtient qu'en commençant par un excès de travail. Chacun voudra être Paul, il y aura concurrence pour conquérir la place de Paul, concurrence de paresse.

Eh bien ! l'échange de quantités égales de travail que nous a-t-il donné ? Surproduction, dépréciation, excès de travail suivi de chômage, enfin les rapports économiques tels que nous les voyons constitués dans la société actuelle, moins la concurrence de travail.

Mais non, nous nous trompons. Il y aura encore un expédient qui pourra sauver la société nouvelle, la société des Pierre et des Paul. Pierre mangera tout seul le produit des six heures de travail qui lui restent. Mais du moment qu'il n'a plus à échanger pour avoir produit, il n'a pas non plus à produire pour échanger, et toute la supposition d'une société fondée sur l'échange et la division du travail tomberait. On aura sauvé l'égalité des échanges par cela même que les échanges auront cessé d'exister : Paul et Pierre en viendraient à l'état de Robinson.

Donc, si l'on suppose tous les membres de la société travailleurs immédiats, l'échange des quantités égales d'heures de travail n'est possible qu'à la condition qu'on soit convenu d'avance du nombre d'heures qu'il faudra employer à la production matérielle. Mais une telle convention nie l'échange individuel.

Nous arriverons encore à la même conséquence, si nous prenons pour point de départ, non plus la distribution des produits créés, mais l'acte de la production. Dans la grande industrie, Pierre n'est pas libre de fixer lui-même le temps de son travail, car le travail de Pierre n'est rien sans le concours de tous les Pierre et de tous les Paul qui forment l'atelier. C'est ce qui explique fort bien la résistance opiniâtre que les fabricants anglais opposèrent au *bill de dix heures*. C'est qu'ils ne savaient que trop qu'une diminution de travail de deux heures accordée aux femmes et aux enfants devait également entraîner une diminution de temps de travail pour les adultes. Il est dans la nature de la grande industrie que le temps du travail soit égal pour tous. Ce qui est aujourd'hui le résultat du capital et de la concurrence des ouvriers entre eux, sera demain, si vous retranchez le rapport du travail au capital, le fait d'une convention basée sur le rapport de la somme des forces productives à la somme des besoins existants.

Mais une telle convention est la condamnation de l'échange individuel, et nous voilà encore arrivés à notre premier résultat.

Dans le principe, il n'y a pas échange des produits, mais échange des travaux qui concourent à la production. C'est du monde d'échange des forces productives que dépend le mode d'échange des produits. En général, la forme de l'échange des produits correspond à la forme de la production. Changez la dernière, et la première se trouvera changée en conséquence. Aussi voyons-nous dans l'histoire de la société le mode d'échanger les produits se régler sur le mode de les produire. L'échange individuel correspond aussi à un mode de production déterminé, qui, lui-même, répond à l'antagonisme des classes.

Mais les consciences honnêtes se refusent à cette évidence. Tant qu'on est bourgeois, on ne peut faire autrement que de voir dans ce rapport d'antagonisme un rapport d'harmonie et de justice éternelle, qui ne permet à personne de se faire valoir aux dépens d'autrui. Pour le bourgeois, l'échange individuel peut subsister sans l'antagonisme des classes : pour lui ce sont deux choses tout à fait disparates. L'échange individuel, comme se le figure le bourgeois, est loin de ressembler à l'échange individuel tel qu'il se pratique.

M. Bray fait de l'*illusion* de l'honnête bourgeois l'*idéal* qu'il voudrait réaliser. En épurant l'échange individuel, en le débarrassant de tout ce qu'il y trouve d'éléments antagonistes, il croit trouver un rapport « *égalitaire* », qu'il voudrait faire passer dans la société.

M. Bray ne voit pas que ce rapport égalitaire, cet *idéal correctif*, qu'il voudrait appliquer au monde, n'est lui-même que le reflet du monde actuel, et qu'il est par conséquent totalement impossible de reconstituer la société sur une base, qui n'en est qu'une ombre embellie. A mesure que l'ombre redevient corps, on s'aperçoit que ce corps, loin d'en être la transfiguration rêvée, est le corps actuel de la société (1).

1. Comme toute autre théorie, celle de M. Bray a trouvé ses partisans qui se sont laissés tromper par les apparences. On a fondé à Londres, à Sheffield, à Leeds et dans beaucoup d'autres villes d'Angleterre, des *equitable-labour-exchange-bazars*. Ces bazars, après avoir absorbé des capitaux considérables, ont tous fait des faillites scandaleuses. On en a perdu le goût pour toujours : avis à M. Proudhon !

§ III. — APPLICATION DE LA LOI DES PROPORTION-

NALITÉS DE VALEUR

A) *La monnaie.*

L'or et l'argent sont les premières marchandises dont la valeur soit arrivée à sa constitution.

Donc l'or et l'argent sont les premières applications de la « valeur constituée »... par M. Proudhon. Et comme M. Proudhon constitue les valeurs des produits en les déterminant par la quantité comparative de travail y fixé, la seule chose qu'il avait à faire c'était de prouver que les *variations* survenues dans la valeur de l'or et de l'argent s'expliquent toujours par les variations du temps de travail qu'il faut pour les produire. M. Proudhon n'y songe pas. Il ne parle pas de l'or et de l'argent comme marchandise, il en parle comme monnaie.

Toute la logique, si logique il y a, consiste à escamoter la qualité qu'ont l'or et l'argent de servir de *monnaie,* au bénéfice de toutes les marchandises qui ont la qualité d'être évaluées par le temps du travail. Décidément il y a plus de naïveté que de malice dans cet escamotage.

Un produit utile, étant évalué par le temps de travail nécessaire à le produire, est toujours acceptable

en échange. Témoin s'écrie M. Proudhon, l'or et l'argent, qui se trouvent dans mes conditions voulues « d'échangeabilité. » Donc l'or et l'argent — c'est la valeur arrivée à l'état de constitution, c'est l'incorporation de l'idée de M. Proudhon. Il est on ne peut plus heureux dans le choix de son exemple. L'or et l'argent, outre la qualité qu'ils ont d'être une marchandise, évaluée comme toute autre marchandise par le temps du travail, ont encore celle d'être agent universel d'échange, d'être monnaie. En prenant maintenant l'or et l'argent comme une application de la « *valeur constituée* » par le temps du travail, rien de plus facile que de prouver que toute marchandise dont la valeur sera constituée par le temps du travail sera toujours échangeable, sera monnaie.

Une question toute simple se présente à l'esprit de M. Proudhon. L'or et l'argent, pourquoi ont-ils le privilège d'être le type de la « valeur constituée ? »

« La fonction particulière que l'usage a dévolué aux métaux précieux de servir d'agent au commerce est purement conventionnelle, et toute autre marchandise pourrait, moins commodément peut-être, mais d'une manière aussi authentique, remplir ce rôle : les économistes le reconnaissent et l'on en cite plus d'un exemple. Quelle est donc la raison de cette préférence généralement acordée aux métaux, pour servir de monnaie, et comment s'explique cette spécialité des fonctions, sans analogue dans l'économie politique, de l'argent ?... Or, est-il possible de *rétablir la série* d'où la *monnaie* semble avoir été détachée, et par conséquent de ramener celle-ci à son véritable principe ? »

Déjà, en posant la question en ces termes, M. Proudhon a supposé *la monnaie*. La première question, qu'il aurait dû se poser, c'est de savoir pourquoi, dans les échanges tels qu'ils sont constitués actuellement, on a dû individualiser pour ainsi dire la valeur échangeable en créant un agent spécial d'échange. La monnaie, ce n'est pas une chose, c'est un rapport social. Pourquoi le rapport de la monnaie est-il un rapport de la production, comme tout autre rapport économique, tel que la division du travail, etc.? Si M. Proudhon s'était bien rendu compte de ce rapport, il n'aurait pas vu dans la monnaie une exception, un membre détaché d'une série inconnue ou à retrouver.

Il aurait reconnu, au contraire, que ce rapport est un anneau, et, comme tel, intimement lié à tout l'enchaînement des autres rapports, et que ce rapport correspond à un mode de production déterminé ni plus ni moins que l'échange individuel. Que fait-il, lui? Il commence par détacher la monnaie de l'ensemble du mode de production actuel, pour en faire plus tard le premier membre d'une série imaginaire, d'une série à retrouver.

Une fois qu'on a reconnu la nécessité d'un agent particulier d'échange, c'est-à-dire la nécessité de la monnaie, il ne s'agit plus que d'expliquer pourquoi cette fonction particulière est dévolue à l'or et à l'argent plutôt qu'à toute autre marchandise. C'est là une question secondaire qui ne s'explique plus par l'enchaînement des rapports de production, mais par les qualités spécifiques inhérentes à l'or et à l'argent comme matière. Si, d'après tout cela, les économistes dans cette occasion « se sont jetés hors du domaine de la science, s'ils ont fait de la physique, de la mécanique, de l'histoire, etc., » comme le leur reproche M. Proudhon, ils n'ont fait que ce qu'ils devaient faire. La question n'est plus du domaine de l'économie politique.

« Ce qu'aucun des économistes, dit M. Proudhon, n'a ni vu ni compris, c'est la *raison économique* qui a déterminé, en faveur des métaux précieux, la faveur dont ils jouissent. »

La raison économique que nul, et pour cause, n'a ni vue ni comprise, M. Proudhon l'a vue, comprise et léguée à la postérité.

« Or ce que nul n'a remarqué, c'est que, de toutes les marchandises, l'or et l'argent sont les premières dont la valeur soit arrivée à la constitution. Dans la période patriarcale, l'or et l'argent se marchandent encore et s'échangent en lingots, mais déjà avec une tendance visible à la domination et avec une préférence marquée. *Peu à peu* les souverains s'en emparent et y apposent leur sceau : et de cette consécration souveraine naît la monnaie, c'est-à-dire la marchandise par excellence, celle qui, nonobstant toutes les secousses du commerce, conserve une valeur proportionnelle déterminée et se fait accepter en tout paiement... Le trait distinctif de l'or et de l'argent vient, je le répète, de ce que, grâce à leurs propriétés métalliques, aux difficultés de leur production, et surtout à l'intervention de l'autorité publique, ils ont de bonne heure conquis, comme marchandises, la fixité et l'authenticité. »

Dire que, de toutes les marchandises, l'or et l'argent sont les premiers dont la valeur soit arrivée à la constitution, c'est-à-dire après tout ce qui précède, que l'or et l'argent sont les premières arrivées à l'état de monnaie, voilà la grande révélation de M. Proudhon, voilà la vérité que nul n'avait découverte avant lui.

Si, par ces mots, M. Proudhon a voulu dire que l'or et l'argent sont des marchandises pour la production desquelles le temps a été connu plus tôt que pour toutes les autres, ce serait encore une des suppositions dont il est si prompt à gratifier ses lecteurs. Si nous voulions nous en tenir à cette érudition patriarcale, nous dirions à M. Proudhon que le temps nécessaire pour produire les objets de première nécessité, tels que le fer, etc., a été connu en premier lieu. Nous lui ferons grâce de l'arc classique d'Adam Smith.

Mais, après tout cela, comment M. Proudhon peut-il encore parler de la constitution d'une valeur, puisqu'une valeur n'est jamais constituée toute seule ? Elle est constituée, non par le temps qu'il faut pour la produire toute seule, mais par rapport à la quotité de tous les autres produits qui peuvent être créés dans le même temps. Ainsi la constitution de la valeur de l'or et de l'argent suppose la constitution déjà toute donnée d'une foule d'autres produits.

Ce n'est donc pas la marchandise qui est arrivée, dans l'or et l'argent, à l'état de « valeur constituée », c'est la « valeur constituée » de M. Proudhon qui est arrivée, dans l'or et l'argent, à l'état de monnaie.

Examinons maintenant de plus près ces *raisons économiques*, qui d'après M. Proudhon ont valu à l'or et l'argent l'avantage d'être érigés en monnaie plus tôt que tous les autres produits, en passant par l'état constitutif de la valeur.

Ces raisons économiques sont : « la préférence marquée » déjà dans la « période patriarcale », et autres circonlocutions du fait même, qui augmentent la difficulté, puisqu'elles multiplient le fait, en multipliant les incidents que M. Proudhon fait survenir pour expliquer le fait. M. Proudhon n'a pas encore épuisé toutes les raisons prétendues économiques. En voici une d'une force souveraine, irrésistible :

« C'est de la consécration souveraine que naît la monnaie : les souverains s'emparent de l'or et de l'argent et y apposent leur sceau. »

Ainsi le bon plaisir des souverains est, pour M. Proudhon, la raison suprême en économie politique !

Vraiment, il faut être dépourvu de toute connaissance historique pour ignorer que ce sont les souverains qui, de tout temps, ont subi les conditions économiques, mais que ce ne sont jamais eux qui leur fait la loi. La législation tant politique que civile ne fait que prononcer, verbaliser le pouvoir des rapports économiques

Le souverain s'est-il emparé de l'or et de l'argent, pour en faire les agents universels d'échange, en y imprimant son sceau, ou ces agents universels d'échange ne se sont-ils pas plutôt emparés du souverain en le forçant à leur imprimer son sceau et à leur donner une consécration politique ?

L'empreinte qu'on a donnée et qu'on donne à l'argent ce n'est pas celle de sa valeur, c'est celle de son poids. La fixité et l'authenticité dont parle M. Proudhon ne s'appliquent qu'au titre de la monnaie, et ce titre indique combien il y a de matière métallique dans un morceau d'argent monnayé. « La seule valeur intrinsèque d'un marc d'argent, dit Voltaire avec le bon sens qu'on lui connaît, est marc d'argent, une demi-livre du poids de 8 onces. Le poids et le titre font seuls cette valeur intrinsèque. » (Voltaire, *Système de Law*.) Mais la question : Combien vaut une once d'or et d'argent ! n'en subsiste pas moins. Si un cachemire du magasin du *Grand Colbert* portait la marque de fabrique : *pure laine*, cette marque de fabrique ne vous dirait pas encore la valeur du cachemire. Il resterait toujours à savoir combien vaut la laine « Philippe Ier, roi de France, dit M. Proudhon, mêle à la livre tournois de Charlemagne un tiers d'alliage, s'imaginant que lui seul ayant le monopole de la fabrication des monnaies, il peut faire ce que fait tout commerçant ayant le monopole d'un produit. Qu'était-ce en effet que cette altération des monnaies tant reprochée à Philippe et à ses successeurs ! Un raisonnement très juste, au point de vue de la routine commerciale, mais très faux en science économique, savoir que l'offre et la demande étant la règle des valeurs, on peut, soit en produisant une rareté factice, soit en accaparant la fabrication, faire monter l'estimation et partant la valeur des choses, et que cela est vrai de l'or et de l'argent comme du blé, du vin, de l'huile, du tabac. Cependant la fraude de Philippe ne fut pas plutôt soupçonnée que sa monnaie fut réduite à sa juste valeur et qu'il perdit en même temps ce qu'il avait cru gagner sur ses sujets. Même chose arriva à la suite de toutes les tentatives analogues. »

D'abord il a été démontré, maintes et maintes fois, que si le prince s'avise d'altérer la monnaie, c'est lui qui y perd. Ce qu'il a gagné dans une seule fois pour la première émission, il le perd autant de fois que les monnaies falsifiées lui rentrent sous la forme d'impôts, etc. Mais Philippe et ses successeurs ont su se mettre plus ou moins à l'abri de cette perte, car, une fois la monnaie altérée mise en circulation, ils n'avaient rien de plus pressé à faire que d'ordonner une refonte générale des monnaies sur l'ancien pied.

Et puis d'ailleurs, si Philippe Ier avait véritablement raisonné « comme M. Proudhon, Philippe Ier n'aurait pas bien raisonné au point de vue commercial ». Ni Philippe Ier, ni M. Proudhon ne font preuve de génie mercantile, quand ils s'imaginent qu'on peut altérer la valeur de l'or aussi bien que celle de toute autre marchandise par la seule raison que leur valeur est déterminée par le rapport de l'offre à la demande.

Si le roi Philippe avait ordonné qu'un muid de blé

s'appelât désormais deux muids de blé, le roi aurait été un escroc. Il aurait trompé tous les rentiers, tous les gens qui avaient à recevoir cent muids de blé, il aurait été la cause que tous ces gens-là, au lieu de recevoir cent muids de blé, n'en auraient reçu que cinquante. Supposez le roi débiteur de cent muids de blé ; il n'en aurait eu à payer que cinquante. Mais dans le commerce cent muids n'auraient jamais valu plus de cinquante. En changeant le nom on ne change pas la chose. La quantité du blé, soit offerte, soit demandée, ne sera ni diminuée ni augmentée par ce seul changement de nom. Ainsi le rapport de l'offre à la demande étant également le même malgré cette altération de nom, le prix du blé ne subira aucune altération réelle. En parlant de l'offre et de la demande des choses, on ne parle pas de l'offre et de la demande du nom des choses. Philippe Ier n'était pas faiseur d'or ou d'argent, comme dit Proudhon ; il était faiseur du nom des monnaies. Faites passer vos cachemires français pour des cachemires asiatiques, il est possible que vous trompiez un acheteur ou deux ; mais la fraude une fois connue, vos soi-disant cachemires asiatiques descendront au prix des cachemires français. En donnant une fausse étiquette à l'or et à l'argent, le roi Philippe Ier ne pouvait faire des dupes que tant que la fraude n'était pas connue. Comme tout autre boutiquier, il trompait ses pratiques par une fausse qualification de la marchandise : cela ne pouvait durer qu'un temps. Tôt ou tard il devait subir la rigueur des lois commerciales. Est-ce là ce que M. Proudhon voulait prouver ? Non. D'après lui, c'est du souverain, et non du commerce, que l'argent reçoit sa valeur. Et qu'a-t-il prouvé effectivement ? Que le commerce est plus souverain que le souverain. Que le souverain ordonne qu'un marc soit désormais deux marcs, le commerce vous dira toujours que ces deux marcs ne valent que le marc d'auparavant.

Mais pour cela la question de la valeur déterminée par la quantité de travail n'a pas fait un pas. Il reste toujours à décider si ces deux marcs, redevenus le marc d'auparavant, sont déterminés par les frais de production ou par la loi de l'offre et de la demande ?

M. Proudhon continue : « Il est même à considérer que si, au lieu d'altérer les monnaies, il avait été au pouvoir du roi d'en doubler la masse, la valeur échangeable de l'or et de l'argent aurait aussitôt baissé de moitié, toujours pour cette raison de proportionnalité et d'équilibre. »

Si cette opinion, que M. Proudhon partage avec les autres économistes, est juste, elle prouve en faveur de leur doctrine de l'offre et de la demande, et nullement en faveur de la proportionnalité de M. Proudhon. Car, quelle que fût la quantité de travail fixé dans la masse doublée de l'or et de l'argent, sa valeur serait tombée de moitié, la demande étant restée la même et l'offre ayant doublé. Ou bien est-ce que, par hasard, *la loi de proportionnalité* se confondrait cette fois avec la loi si dédaignée de l'offre et de la demande ? Cette juste proportionnalité de M. Proudhon est en effet tellement élastique, elle se prête à tant de variations, de combinaisons et de permutations, qu'elle pourrait bien coïncider une fois avec le rapport de l'offre à la demande.

Faire «toute marchandise acceptable dans l'échange, sinon de fait, au moins de droit », en se fondant sur le rôle que jouent l'or et l'argent, c'est donc méconnaître ce rôle. L'or et l'argent ne sont acceptables de droit que parce qu'ils le sont de fait, et ils le sont de fait parce que l'organisation actuelle de la production a besoin d'un agent universel d'échange. Le droit n'est que la reconnaissance du fait.

Nous l'avons vu, l'exemple de l'argent comme application de la valeur passée à l'état de constitution, n'avait été choisi par M. Proudhon que pour faire passer en contrebande toute sa doctrine de l'échangeabilité, c'est-à-dire pour démontrer que toute marchandise évaluée par ses frais de production doit arriver à l'état de monnaie. Tout cela serait bel et bon, n'était l'inconvénient que précisément l'or et l'argent, en tant que monnaie, sont de toutes les marchandises les seules qui ne soient pas déterminées par leurs frais de production ; et cela est tellement vrai, que dans la circulation elles peuvent être remplacées par le papier. Tant qu'il y aura une certaine proportion observée entre les besoins de circulation et la quantité de monnaie émise, que ce soit de la monnaie en papier, en or, en platine ou en cuivre, il ne pourra pas être question d'une proportion à observer entre la valeur intrinsèque (les frais de production) et la valeur nominale de la monnaie. Sans doute, dans le commerce international, la monnaie est déterminée, comme toute autre marchandise, par le temps du travail. Mais c'est qu'aussi l'or et l'argent passés dans le commerce international sont des moyens d'échange comme produit et non comme monnaie, c'est-à-dire perdent ce caractère de « fixité et d'authenticité », de « consécration souveraine », qui forment pour M. Proudhon leur caractère spécifique. Ricardo a si bien compris cette vérité, qu'après avoir basé tout son système sur la valeur déterminée par le temps du travail, et qu'après avoir dit : « *L'or et l'argent*, ainsi que toutes les autres marchandises, n'ont de valeur qu'à proportion de la quantité de travail nécessaire pour les produire et les faire arriver au marché », il ajoute néanmoins que la valeur de la *monnaie* n'est pas déterminée par le temps de travail fixé dans sa matière, mais seulement par la foi de l'offre et de la demande.

« Quoique le papier n'ait point de valeur intrinsèque, cependant si l'on en borne la quantité, sa valeur échangeable peut égaler la valeur d'une monnaie métallique de la même dénomination ou de lingots estimés en espèce. C'est encore par le même principe, c'est-à-dire en bornant la quantité de la monnaie, que des pièces d'un bas titre peuvent circuler pour la même valeur qu'elles auraient eue si leur poids et leur titre étaient ceux fixés par la loi, et non d'après la valeur intrinsèque du métal pur qu'elles contiendraient. Voilà pourquoi dans l'histoire des monnaies anglaises nous trouvons que notre numéraire n'a jamais été déprécié dans la même proportion qu'il a été altéré. La raison en est qu'il n'a jamais été multiplié en proportion de sa dépréciation. » (Ricardo. *loc. cit.*)

Voici ce qu'observe J. B. Say au sujet de ce passage de Ricardo.

« Cet *exemple* devrait suffire, il me semble, pour convaincre l'auteur que la base de toute valeur est non pas la quantité de travail nécessaire pour faire une marchandise, mais le besoin qu'on en a, balancé par sa rareté. »

Ainsi la monnaie, qui pour Ricardo n'est plus une valeur déterminée par le temps de travail, et que J.-B. Say prend à cause de cela pour exemple afin de convaincre Ricardo que les autres valeurs ne sauraient pas non plus être déterminées par le temps de travail, cette monnaie, dis-je, prise par J.-B. Say pour exemple d'une valeur déterminée exclusivement par l'offre et la demande, devient pour M. Proudhon l'exemple par excellence de l'application de la valeur constituée... par le temps du travail.

Pour en finir, si la monnaie n'est point une « valeur constituée » par le temps du travail, elle saurait bien moins encore avoir quelque chose de commun avec la juste « proportionnalité » de M. Proudhon. L'or et l'argent sont toujours échangeables, parce qu'ils ont la fonction particulière de servir comme agent universel d'échange, et nullement parce qu'ils existent dans une quantité proportionnelle à l'ensemble des richesses ; ou pour mieux dire encore, ils sont toujours proportionnels parce que, seuls de toutes les marchandises, ils servent de monnaie, d'agent universel d'échange, quelle que soit leur quantité par rapport à l'ensemble des richesses. « La monnaie en circulation ne saurait jamais être assez abondante pour regorger ; car si vous en baissez la valeur, vous en augmenterez dans la même proportion la quantité, et en augmentant sa valeur vous en diminuez la quantité. » (Ricardo.)

« Quel imbroglio que l'économie politique ! » s'écrie M. Proudhon.

« Maudit or ! » s'écrie plaisamment un communiste (par la bouche de M. Proudhon). Autant vaut dire : Maudit froment, maudites vignes, maudits moutons ! car, « de même que l'or et l'argent, *toute valeur commerciale* doit arriver à son exacte et rigoureuse détermination ».

L'idée de faire arriver les moutons et les vignes à l'état de monnaie n'est pas neuve. En France, elle appartient au siècle de Louis XIV. A cette époque, l'argent ayant commencé à établir sa toute-puissance, on se plaignait de la dépréciation de toutes les autres marchandises, et on appelait de tous ses vœux le moment où « toute valeur commerciale » pourrait arriver à son exacte et rigoureuse détermination, à l'état de monnaie. Voici ce que nous trouvons déjà dans Bois-Guillebert, l'un des plus anciens économistes de la France: « L'argent alors, par cette survenue innombrable de concurrents qui seront les denrées mêmes rétablies dans leurs justes valeurs, sera rembarré dans ses bornes naturelles. » (*Économistes financiers du XVIII*e *siècle*, p. 422, édit. Daire.)

On voit que les premières illusions de la bourgeoisie sont aussi ses dernières.

B. — *L'excédent du Travail*

« On lit dans des ouvrages d'économie politique cette hypothèse absurde : *Si le prix de toutes choses était doublé*... Comme si le prix de toutes choses n'était pas la proportion des choses, et qu'on pût doubler une proportion, un rapport, une loi !» (Proudhon, t. Ier, p. 81.)

Les économistes sont tombés dans cette erreur, faute d'avoir su faire l'application de la « loi de proportionnalité » et de la « valeur constituée ».

Malheureusement, on lit dans l'ouvrage même de M. Proudhon, t. Ier, p. 110, cette hypothèse absurde, que « si le salaire haussait généralement, le prix de toutes les choses hausserait ». Au surplus, si l'on trouve dans des ouvrages d'économie politique la phrase en question, on y trouve aussi son explication. « Si l'on dit que le prix de toutes les marchandises hausse ou baisse, on exclut toujours l'une ou l'autre des marchandises : la marchandise exclue est en général l'argent ou le travail. » (*Encyclopædia Metropolitana or Universal Dictionary of Knowledge*, vol. IV, à l'article *Political Economy*, by Senior, London, 1836). Voyez aussi, sur cette expression, J. St. Mill, *Essays on some unsettled questions of political economy*, London, 1844, et Tooke, *An history of prices, etc.*, London, 1838.)

Passons maintenant à la *seconde application* de la « valeur constituée », et d'autres proportionnalités dont le seul défaut est d'être peu proportionnées ; et voyons si M. Proudhon y est plus heureux que dans la *monétisation* des moutons.

« Un axiome généralement admis par les économistes est que tout travail doit laisser un excédent. Cette proposition est pour moi d'une vérité universelle et absolue : c'est le corollaire de la loi de la proportionnalité, que l'on peut regarder comme le sommaire de toute la science économique. Mais j'en demande pardon aux économistes, le principe que *tout travail doit laisser un excédent* n'a pas de sens dans leur théorie, et n'est susceptible d'aucune *démonstration*. » (Proudhon.)

Pour prouver que tout travail doit laisser un excédent, M. Proudhon personnifie la société ; il en fait une *société personne*, société, qui n'est pas, tant s'en faut, la société des personnes, puisqu'elle a ses lois à part, n'ayant rien de commun avec les personnes dont se compose la société, et son « intelligence propre », qui n'est pas l'intelligence du commun des hommes, mais une intelligence qui n'a pas le sens commun. M. Proudhon reproche aux économistes de n'avoir pas compris la personnalité de cet être collectif. Nous aimons à lui opposer le passage suivant d'un économiste américain qui reproche aux autres économistes tout le contraire : « L'*entité* morale (*the moral entity*), l'être grammatical (*the grammatical being*) nommé société a été revêtu d'attributions qui n'ont d'existence réelle que dans l'imagination de ceux qui avec un mot font une chose... Voilà ce qui a donné lieu à bien des difficultés et à de déplorables méprises dans l'économie politique. » (Th. Cooper, *Lectures on the Elements of Political Economy*, Columbia, 1826.)

« Ce principe de l'excédent du travail, continue M. Proudhon, n'est vrai des individus que parce qu'il émane de la société, qui leur confère ainsi le bénéfice de ses propres lois. »

M. Proudhon veut-il dire par là tout simplement que la production de l'individu social dépasse celle de l'individu isolé ? Est-ce de cet excédent de la production des individus associés sur celle des individus non associés, que M. Proudhon entend parler ? S'il en est ainsi, nous pourrons lui citer cent économistes qui ont exprimé cette simple vérité sans tout le mysticisme dont s'entoure M. Proudhon. Voici ce que dit, par exemple, M. Sadeer :

« Le travail combiné donne des résultats que le travail individuel ne saurait jamais produire. A mesure donc que l'humanité augmentera en nombre, les produits de l'industrie réunie excéderont de beaucoup la somme d'une simple addition calculée sur cette augmentation... Dans les arts mécaniques comme dans les travaux de la science, un homme peut actuellement faire plus dans un jour qu'un individu isolé pendant toute sa vie. L'axiome des mathématiciens, que le tout est égal aux parties, n'est plus vrai, appliqué à notre sujet. Quant au travail ce grand pilier de l'existence humaine (*the great pillar of human existence*), on peut dire que le produit des efforts accumulés excède de beaucoup tout ce que des efforts individuels et séparés peuvent jamais produire. » (T. Sadler, *The law of population*, London, 1830.)

Revenons à **M.** Proudhon. L'excédent du travail, dit-il, s'explique par la société personne. La vie de cette personne suit des lois opposées aux lois qui font agir l'homme comme individu, ce qu'il veut prouver par des « *faits* ».

« La découverte d'un procédé économique ne peut jamais valoir à l'inventeur un profit égal à celui qu'il procure à la société... On a remarqué que les entreprises des chemins de fer sont beaucoup moins une source de richesses pour les entrepreneurs que pour l'Etat... Le prix moyen du transport des marchandises par le roulage est de 18 centimes par tonne et par kilomètre, marchandise prise et rendue en magasin. On a calculé qu'à ce prix une entreprise ordinaire de chemin de fer n'obtiendrait pas 10 o/o de bénéfice net, résultat à peu près égal à celui d'une entreprise de roulage. Mais admettons que la célérité du transport par chemin de fer soit à celle du roulage de terre comme 4 est à 1 : comme dans la société le temps est la valeur même, à égalité de prix le chemin de fer présentera sur le roulage un avantage de 400 o/o.

Cependant cet avantage énorme, très réel pour la société, est bien loin de se réaliser dans la même proportion pour le voiturier, qui tandis qu'il fait jouir la société d'une mieux-value de 400 o/o, ne retire pas, quant à lui 10 o/o. Supposons, en effet, pour rendre la chose encore plus sensible, que le chemin de fer porte son tarif à 25 centimes, celui du roulage restant à 18 : il perdra à l'instant toutes ses consignations. Expéditeurs, destinataires, tout le monde reviendra à la malbrouke, à la patache s'il le faut. On désertera la locomotive : un avantage social de 400 o/o sera sacrifié à une perte de 35 o/o. La raison de cela est facile à saisir : l'avantage qui résulte de la célérité du chemin de fer est tout social, et chaque individu n'y participe qu'en une proportion minime (n'oublions pas qu'il ne s'agit dans ce moment que du transport des marchandises), tandis que la perte frappe directement et personnellement le consommateur. Un bénéfice social égal à 400 représente pour l'individu, si la société est seulement d'un million d'hommes, quatre dix millièmes ; tandis qu'une perte de 33 o/o pour le consommateur supposerait un déficit social de 33 millions. » (Proudhon.)

Passe encore que M. Proudhon exprime une célérité mise au quadruple par 400 o/o de la célérité primitive ; mais qu'il mette en rapport les pour cent de célérité avec les pour cent du profit et qu'il forme une proportion entre deux rapports qui, pour être mesurés séparément par des pour cent, sont néanmoins incommensurables entre eux : c'est établir une proportion entre les pour cent et en laisser de côté les dénominations.

Des pour cent sont toujours des pour cent, 10 o/o et 400 o/o sont commensurables ; ils sont l'un à l'autre comme 10 est à 400. Donc, conclut M. Proudhon, un profit de 10 o/o vaut quarante fois moins qu'une célérité quadruplée. Pour sauver les apparences, il dit que, pour la société, le temps est la valeur (*time is money*). Cette erreur provient de ce qu'il se rappelle confusément qu'il y a un rapport entre la valeur et le temps du travail, et il n'a rien de plus pressé à faire que d'assimiler le temps du travail au temps du transport, c'est-à-dire qu'il identifie les quelques chauffeurs, gardes de convoi et consorts, dont le temps de travail n'est autre que le temps de transport, avec la société tout entière. Pour le coup, voilà la célérité devenue capital, et en ce cas, il a pleinement raison de dire : « Un bénéfice de 400 o/o sera sacrifié à une perte de 35 o/o. » Après avoir établi en mathématicien cette étrange proposition, il nous en donne l'explication en économiste.

« Un bénéfice social égal à 400 représente pour l'individu, si la société est seulement d'un million d'hommes, quatre dix millièmes. » D'accord ; mais il ne s'agit pas de 400, il s'agit de 400 o/o, et un bénéfice de 400 o/o représente pour l'individu 400 o/o, ni plus ni moins. Quel que soit le capital, les dividendes se feront toujours dans le rapport de 400 o/o. Que fait M. Proudhon ? Il prend les pour cent pour le capital, et comme s'il eût craint que sa confusion ne fût point assez manifeste, assez « sensible », il continue :

« Une perte de 33 o/o pour le consommateur supposerait un déficit social de 33 millions » ; 33 o/o de perte pour le consommateur restent 33 o/o de perte pour un million de consommateurs. Comment ensuite M. Proudhon peut-il dire pertinemment que le déficit social, dans le cas d'une perte de 33 o/o, s'élève à 33 millions, quand il ne connaît ni le capital social ni même le capital d'un seul des intéressés? Ainsi, il ne suffisait pas à M. Proudhon d'avoir confondu le *capital* et les *pour cent ;* il se dépasse en identifiant le *capital* mis dans une entreprise et le *nombre* des intéressés.

« Supposons, en effet, pour rendre la chose encore plus sensible », un capital déterminé. Un profit social de 400 o/o, réparti sur un million de participants, intéressés chacun pour 1 franc, donne 4 francs de bénéfice par tête et non pas 0,0004, comme le prétend M. Proudhon. De même une perte de 33 o/o pour chacun des participants représente un déficit social de 330.000 francs et non pas de 33 millions (100 : 33 = 1.000.000 : 330.000).

M. Proudhon, préoccupé de sa théorie de la société personnelle, oublie de faire la division par 100, il obtient ainsi 330.000 francs de perte ; mais 4 francs de profit par tête font pour la société 4 millions de francs de profit. Reste pour la société un profit net de 3.670.000 francs. Ce compte exact démontre tout juste le contraire de ce qu'a voulu démontrer M. Proudhon : c'est que les bénéfices et pertes de la société ne sont point en raison inverse avec les bénéfices et les pertes des individus.

Après avoir rectifié ces simples erreurs de pur calcul, voyons un peu les conséquences auxquelles on arriverait, si on voulait admettre pour les chemins de fer ce rapport de célérité et de capital, tel que M. Proudhon le donne, moins les erreurs de calcul. Supposons qu'un transport quatre fois plus rapide coûte quatre fois plus, ce transport ne donnerait pas moins de profit que le roulage qui est quatre fois plus lent et coûte le quart des frais. Donc, si le roulage prend 18 centimes, le chemin de fer pourrait prendre 72 centimes. Ce serait selon la « rigueur mathématique » la conséquence des suppositions de M. Proudhon, toujours moins ses erreurs de calcul. Mais voilà tout d'un coup qu'il nous dit que si, au lieu de 72 centimes, le chemin de fer n'en prenait que 25, il perdrait à l'instant toutes ses consignations. Décidément, il faut revenir à la malbrouke, à la patache même. Seulement, si nous avons un conseil à donner à M. Proudhon, c'est de ne pas oublier dans son « *Programme de l'association progressive* » de faire la division par 100. Mais, hélas ! il n'est guère à espérer que notre conseil soit écouté, car M. Proudhon est tellement enchanté de son calcul « progressif » correspondant à « l'occasion progressive », qu'il s'écrie avec beaucoup d'emphase : « J'ai déjà fait voir au chapitre II, par la solution de l'antinomie de la valeur, que l'avantage de toute découverte utile est incomparablement moindre pour l'inventeur, quoi qu'il fasse, que pour la société ; j'ai porté la démonstration sur ce point *jusqu'à la rigueur mathématique !* »

Revenons à la fiction de la société personne, fiction qui n'avait d'autre but que de prouver la simple vérité que voici : Une invention nouvelle faisant produire avec la même quantité de travail une plus grande quantité de marchandises, fait baisser la valeur vénale du produit. La société fait donc un profit, non en obtenant plus de valeurs échangeables, mais en obtenant plus de marchandises pour la même valeur. Quant à l'inventeur, la concurrence fait tomber successivement son profit jusqu'au niveau général des profits. M. Proudhon a t-il prouvé cette proposition ainsi qu'il voulait le faire ? Non. Cela ne l'empêche pas de reprocher aux économistes d'avoir manqué cette démonstration. Pour lui prouver le contraire, nous ne citerons que Ricardo et Lauderdale ; Ricardo, chef de l'école qui détermine la valeur par le temps du travail, Lauderdale, un des défenseurs les plus acharnés de la valeur par l'offre et la demande. Tous les deux ont développé la même thèse.

« En augmentant constamment la facilité de production, nous diminuons constamment la valeur de quelques-unes des choses produites auparavant, quoique par ce même moyen non seulement nous ajoutions à la richesse nationale, mais que nous augmentions encore la faculté de produire pour l'avenir... Aussitôt qu'au moyen des machines, ou par nos connaissances en physique, nous forçons les agents naturels, à faire l'ouvrage que l'homme faisait auparavant, la valeur échangeable de cet ouvrage tombe en conséquence. S'il fallait dix hommes pour tourner un moulin à blé, et qu'on découvrît que par le moyen du vent ou de l'eau le travail de ces dix hommes pourrait être épargné, la farine qui serait le produit de l'action du moulin tomberait dès ce moment de valeur, en proportion de la somme de travail épargné ; et la société se trouverait enrichie de toute la valeur des choses que le travail de ces dix hommes pourrait produire, les fonds destinés à l'entretien des travailleurs n'ayant pas éprouvé par là la moindre diminution. » (Ricardo.)

Lauderdale, à son tour, dit :

« Le profit des capitaux provient toujours de ce qu'ils suppléent à une portion de travail que l'homme devrait faire de ses mains, ou de ce qu'ils accomplissent une portion de travail au-dessus des efforts personnels de l'homme et qu'il ne saurait exécuter lui-même. Le mince bénéfice que font en général les propriétaires des machines, comparé au prix du travail auquel elles suppléent, feront naître des doutes peut-être sur la justesse de cette opinion. Une pompe à feu, par exemple, tire en un jour plus d'eau d'une mine de charbon que ne pourraient en sortir sur leur dos trois cents hommes, même en s'aidant de baquets ; et, il n'est pas douteux, qu'elle remplace leur travail à bien moins de frais. C'est ici le cas de toutes les machines. Le travail qui se faisait par la main de l'homme à laquelle elles sont substituées, elles doivent le faire à plus bas prix... Je suppose qu'un brevet soit donné à l'inventeur d'une machine qui fait l'ouvrage de quatre : comme le privilège exclusif empêche toute concurrence, hors celle qui résulte du travail des ouvriers, il est clair que le salaire de ceux-ci, dans toute la durée du privilège, sera la mesure du prix que l'inventeur doit mettre à ses produits : c'est-à-dire que, pour s'assurer de l'emploi, il exigera un peu moins que le salaire du travail auquel sa machine supplée. Mais à l'expiration du privilège, d'autres machines de même espèce s'établissent et rivalisent avec la sienne. Alors il règlera son prix sur le principe général, le faisant dépendre de l'abondance des machines. Le profit des fonds employés..., quoiqu'il résulte d'un travail suppléé, se règle enfin, non par la valeur de ce travail, mais, comme dans tous les autres cas, par la concurrence entre les propriétaires des fonds ; et le degré en est toujours fixé par la proportion de la quantité des capitaux offerts pour cette fonction avec la demande qu'on en fait. »

En dernier lieu donc, tant que le profit sera plus grand que dans les autres industries, il y aura des capitaux qui se jetteront sur l'industrie nouvelle, jusqu'à ce que le taux des bénéfices en soit descendu au niveau commun.

Nous venons de voir que l'exemple du chemin de fer n'était guère propre à jeter quelque jour sur la fiction de la société personne. Néanmoins, M. Proudhon reprend hardiment son discours : « Ces points éclaircis, rien de plus aisé que d'expliquer comment le travail doit laisser à chaque producteur un excédent ».

Ce qui suit maintenant appartient à l'antiquité classique. C'est un conte poétique fait pour délasser le lecteur des fatigues qu'a dû lui causer la rigueur des démonstrations mathématiques qui le précèdent.

M. Proudhon donne à la société personne le nom de *Prométhée,* dont il glorifie les hauts faits en ces termes :

« D'abord, Prométhée sortant du sein de la nature s'éveille à la vie dans une inertie pleine de charmes, etc., etc. Prométhée se met à l'œuvre, et dès sa première journée, première journée de la seconde création, le produit de Prométhée, c'est-à-dire sa richesse, son bien-être, est égal à dix. Le second jour Prométhée divise son travail, et son produit devient égal à cent. Le troisième jour et chacun des jours suivants, Prométhée invente des machines, découvre de nouvelles utilités dans les corps, de nouvelles forces dans la nature... A chaque pas que fait son industrie, le chiffre de sa production s'élève et lui dénonce un surcroît de félicité. Et puisque enfin, pour lui, consommer c'est produire, il est clair que chaque journée de consommation, n'emportant que le produit de la veille, laisse un excédent de produit à la journée du lendemain. »

Ce Prométhée de M. Proudhon est un drôle de personnage, aussi faible en logique qu'en économie politique. Tant que Prométhée ne fait que nous enseigner la division du travail, l'application des machines, l'exploitation des forces naturelles et du pouvoir scientifique, multipliant les forces productives des hommes et donnant un excédent comparé à ce que produit le travail isolé, ce nouveau Prométhée n'a que le malheur de venir trop tard. Mais dès que Prométhée se mêle de parler production et consommation, il devient réellement grotesque. Consommer, pour lui, c'est produire; il consomme le lendemain ce qu'il a produit la veille, c'est comme cela qu'il a toujours une journée d'avance; cette journée d'avance c'est son « excédent de travail ». Mais en consommant le lendemain ce qu'il a produit la veille, il faut bien que le premier jour, qui n'avait pas de veille, il ait travaillé pour deux journées, afin d'avoir dans la suite une journée d'avance. Comment Prométhée a t-il gagné le premier jour cet excédent, alors qu'il n'y avait ni division de travail, ni machines, ni même d'autres connaissances des forces physiques que celle du feu ? Ainsi la question, pour avoir été reculée « jusqu'au premier jour de la seconde création », n'a pas fait un pas en avant. Cette manière d'expliquer les choses tient à la fois du grec et de l'hébreu, elle est à la fois mystique et allégorique, elle donne parfaitement à M. Proudhon le droit de dire : « J'ai démontré par la théorie et par les faits le principe que tout travail doit laisser un excédent. »

Les faits, c'est le fameux calcul progressif; la théorie, c'est le mythe de Prométhée.

« Mais, continue M. Proudhon, ce principe aussi certain qu'une proposition d'arithmétique, est loin encore de se réaliser pour tout le monde. Tandis que, par le progrès de l'industrie collective, chaque journée de travail individuel obtient un produit de plus en plus grand, et, par une conséquence nécessaire, tandis que le travailleur, avec le même salaire, devrait devenir tous les jours plus riche, il existe dans la société des États qui profitent et d'autres qui dépérissent. »

En 1770, la population des Royaumes-Unis de la Grande Bretagne était de 15 millions, et la population productive de 3 millions. Le pouvoir scientifique de la production égalait environ une population de 12 millions d'individus de plus ; donc, en somme, il y avait 15 millions de forces productives. Ainsi le pouvoir productif était à la population comme 1 est à 1, et le pouvoir scientifique était au pouvoir manuel comme 4 est à 1.

En 1840, la population ne dépassait pas 30 millions : la population productive était de 6 millions, tandis que le pouvoir scientifique montait à 650 millions, c'est-à-dire qu'il était à la population entière comme 21 à 1, et au pouvoir manuel comme 108 à 1.

Dans la société anglaise, la journée de travail a donc acquis en soixante-dix ans un excédent de 2.700 o/o de productivité, c'èst-à-dire qu'en 1840 elle a produit vingt-sept fois autant qu'en 1770. D'après M. Proudhon, il faudrait poser la question que voici : Pourquoi l'ouvrier anglais de 1840 n'a-t-il pas été vingt-sept fois plus riche que celui de 1770 ? En posant une pareille question, on supposerait naturellement que les Anglais auraient pu produire ces richesses, sans que les conditions historiques dans lesquelles elle ont été produites, telles que : accumulation privée des capitaux, division moderne du travail, atelier automatique, concurrence anar-chique, salariat, enfin tout ce qui est basé sur l'anta-gonisme des classes, eussent existé. Or, pour le déve-loppement des forces productives et de l'excédent de travail, c'étaient précisément là les conditions d'exis-tence. Donc il a fallu, pour obtenir ce développement des forces productives et cet excédent de travail, qu'il y eût des classes qui profitent et d'autres qui dépé-rissent.

Qu'est-ce donc, en dernier lieu, que ce Prométhée ressuscité par M. Proudhon ? C'est la société, ce sont les rapports sociaux basés sur l'antagonisme des classes. Ces rapports sont, non pas des rapports d'in-dividu à individu, mais d'ouvrier à capitaliste, de fermier à propriétaire foncier, etc. Effacez ces rap-ports, et vous aurez anéanti toute la société, et votre Prométhée n'est plus qu'un fantôme sans bras ni jambes, c'est-à-dire sans atelier automatique, sans division de travail, manquant enfin de tout ce que vous lui avez donné primitivement pour lui faire obtenir cet excédent de travail.

Si donc, dans la théorie, il suffisait, comme le fait M. Proudhon, d'interpréter la formule de l'excédent de travail dans le sens de l'égalité, sans prendre garde aux conditions actuelles de la production, il devrait suffire, dans la pratique, de faire parmi les ouvriers une répartition égalitaire de toutes les richesses actuellement acquises, sans rien changer aux conditions actuelles de la production. Ce partage n'assurerait pas un grand degré de confort à chacun des participants.

Mais M. Proudhon n'est pas aussi pessimiste qu'on pourrait bien le croire. Comme la proportionnalité est tout pour lui, il faut bien qu'il voie dans le Prométhée tout donné, c'est-à-dire dans la société actuelle, un commencement de réalisation de son idée favorite.

« Mais partout aussi le progrès de la richesse, c'est-à-dire la *proportionnalité des valeurs*, est la loi dominante ; et quand les économistes opposent aux plaintes du parti social, l'accroissement progressif de la fortune publique, et les adoucissements apportés à la condition des classes mêmes les plus malheureuses, ils proclament, sans s'en douter, une vérité qui est la condamnation de leurs théories. »

Qu'est-ce, en effet, que la richesse collective, la

fortune publique ? C'est la richesse de la bourgeoisie, et non pas celle de chaque bourgeois en particulier. Eh bien ! les économistes n'ont fait autre chose que de démontrer comment, dans les rapports de production tels qu'ils existent, la richesse de la bourgeoisie s'est développée et doit s'accroître encore. Quant aux classes ouvrières, c'est encore une question fort contestée que de savoir si leur condition s'est améliorée à la suite de l'accroissement de la richesse prétendue publique. Si les économistes nous citent, à l'appui de leur optimisme, l'exemple des ouvriers anglais occupés à l'industrie cotonnière, ils ne voient leur situation que dans les rares moments de la prospérité du commerce. Ces moments de prospérité sont, aux époques de crise et de stagnation, dans la « juste proportionnalité » de 3 à 10. Mais peut-être aussi, en parlant d'amélioration, les économistes ont-ils voulu parler de ces millions d'ouvriers qui durent périr, aux Indes orientales, pour procurer au million et demi d'ouvriers occupés en Angleterre à la même industrie, trois années de prospérité sur dix.

Quant à la participation temporaire à l'accroissement de la richesse publique, c'est différent. Le fait de participation temporaire s'explique par la théorie des économistes. Il en est la confirmation et nullement la « condamnation », comme le dit M. Proudhon.

S'il y avait quelque chose à condamner, ce serait certes le système de M. Proudhon, qui réduirait, ainsi que nous l'avons démontré, l'ouvrier au minimum de salaire, malgré l'accroissement des richesses. Ce n'est qu'en le réduisant au minimum de salaire, qu'il y aurait fait une application de la juste proportionnalité des valeurs, de la « valeur constituée » — par le temps du travail. C'est parce que le salaire, par suite de la concurrence, oscille au-dessus ou au-dessous du prix des vivres nécessaires à la sustentation de l'ouvrier, que celui-ci peut participer tant soit peu au développement de la richesse collective, mais qu'il peut aussi périr de misère. C'est là toute la théorie des économistes qui ne se font pas illusion,

Après ses longues divagations au sujet des chemins de fer, de Prométhée et de la nouvelle société à reconstituer sur la « valeur constituée », M. Proudhon se recueille ; l'émotion le gagne et il s'écrie d'un ton paternel :

« *J'adjure* les économistes de s'interroger un moment, dans le silence de leur cœur, loin des préjugés qui les troublent et sans égard aux emplois qu'ils occupent ou qu'ils attendent, aux intérêts qu'ils desservent, aux suffrages qu'ils ambitionnent, aux distinctions dont leur vanité se berce : qu'ils disent si jusqu'à ce jour le principe que tout travail

doit laisser un excédent leur était apparu avec cette
chaîne de préliminaires et de conséquences que nous
avons soulevée. »

CHAPITRE II

LA METAPHYSIQUE DE L'ÉCONOMIE POLITIQUE

---

§ 1ᵉʳ. — LA MÉTHODE

Nous voici en pleine Allemagne ! Nous allons avoir à parler métaphysique, tout en parlant économie politique. Et, en ceci encore, nous ne faisons que suivre les « contradictions » de M. Proudhon. Tout à l'heure il nous forçait de parler anglais, de devenir nous-même passablement anglais. Maintenant la scène change. M. Proudhon nous transporte dans notre chère patrie et nous force à reprendre notre qualité d'Allemand malgré nous.

Si l'Anglais transforme les hommes en chapeaux, l'Allemand transforme les chapeaux en idées. L'Anglais, c'est Ricardo, riche banquier et économiste distingué : l'Allemand, c'est Hegel, simple professeur de philosophie à l'Université de Berlin.

Louis XV, dernier roi absolu, et qui représentait la décadence de la royauté française, avait attaché à sa personne un médecin qui était, lui, le premier économiste de la France. Ce médecin, cet économiste, représentait le triomphe imminent et sûr de la bourgeoisie française. Le docteur Quesnay a fait de l'écomie politique une science ; il l'a résumée dans son fameux *Tableau économique*. Outre les mille et un commentaires qui ont paru sur ce tableau, nous en possédons un du docteur lui-même. C'est « l'analyse du tableau économique », suivie de « sept *observations importantes* ».

M. Proudhon est un autre docteur Quesnay. C'est le Quesnay de la métaphysique de l'économie politique.

Or, la métaphysique, la philosophie tout entière se résume, d'après Hegel, dans la méthode. Il nous faudra donc chercher à éclaircir la méthode de M. Proudhon, qui est pour le moins aussi ténébreuse que le *Tableau économique*. C'est pour cela que nous donnerons sept observations plus ou moins importantes. Si le docteur Proudhon n'est pas content de nos observations, eh bien, il se fera abbé Baudeau et donnera lui-même « l'explication de la méthode économico-métaphysique ».

Première observation

« Nous ne faisons point une *histoire selon l'ordre
des temps*, mais *selon la succession des idées*. Les *phases* ou *catégories* économiques sont dans leur *mani-
festation* tantôt contemporaines, tantôt interverties...
Les théories économiques n'en ont pas moins leur
snccession logique et leur *série dans l'entendement :*
c'est cet ordre que nous nous sommes flatté de découvrir. » (Proudhon, t. Ier, p. 146).

Décidément, M. Proudhon a voulu faire peur aux
Français, en leur jetant à la face des phrases quasi-
hegéliennes. Nous avons donc affaire à deux hommes,
d'abord à M. Proudhon, puis à Hegel. Comment
M. Proudhon se distingue-t-il des autres économistes ? Et Hegel, quel rôle joue-t-il dans l'économie
politique de M. Proudhon ?

Les économistes expriment les rapports de la production bourgeoise, la division du travail, le crédit,
la monnaie, etc., comme des catégories fixes, immuables, éternelles. M. Proudhon, qui a devant lui ces
catégories toutes formées, veut nous expliquer l'acte
de formation, la génération de ces catégories, principes, lois, idées, pensées.

Les économistes nous expliquent comment on produit dans ces rapports donnés, mais ce qu'ils ne

nous expliquent pas, c'est comment ces rapports se produisent, c'est-à-dire le mouvement historique qui les a fait naître. M. Proudhon, ayant pris ces rapports comme des principes, des catégories, des pensées abstraites, n'a qu'à mettre *ordre* dans ces pensées, qui se trouvent alphabétiquement rangées à la fin de tout traité d'économie politique. Les matériaux des économistes, c'est la vie active et agissante des hommes ; les matériaux de M. Proudhon, ce sont les dogmes des économistes. Mais du moment qu'on ne poursuit pas le mouvement historique des rapports de la production, dont les catégories ne sont que l'expression théorique, du moment que l'on ne veut plus voir dans ces catégories que des idées, des pensées spontanées, indépendantes des rapports réels, on est bien forcé d'assigner comme origine à ces pensées le mouvement de la raison pure. Comment la raison pure, éternelle, impersonnelle fait-elle naître ces pensées? Comment procède-t-elle pour les produire ?

Si nous avions l'intrépidité de M. Proudhon en fait de hegélianisme, nous dirions : Elle se distingue en elle-même d'elle-même. Qu'est-ce à dire ? La raison impersonnelle n'ayant en dehors d'elle ni terrain sur lequel elle puisse se poser, ni objet auquel elle puisse s'opposer, ni sujet avec lequel elle puisse composer, se voit forcée de faire la culbute en se posant, en s'opposant et en composant — position, opposition, composition. Pour parler grec, nous avons la thèse, l'antithèse et la synthèse. Quant à ceux qui ne connaissent pas le langage hegélien, nous leur dirons la formule sacramentelle : affirmation, négation et négation de la négation. Voilà ce que parler veut dire. Ce n'est certes pas de l'hébreu, n'en déplaise à M. Proudhon ; mais c'est le langage de cette raison si pure, séparée de l'individu. Au lieu de l'individu ordinaire, avec sa manière ordinaire de parler et de penser, nous n'avons autre chose que cette manière ordinaire toute pure, moins l'individu.

Faut-il s'étonner que toute chose, en dernière abstraction, car il y a abstraction et non pas analyse, se présente à l'état de catégorie logique ? Faut-il s'étonner qu'en laissant tomber peu à peu tout ce qui constitue l'individualisme d'une maison, qu'en faisant abstraction des matériaux dont elle se compose, de la forme qui la distingue, vous arriviez à n'avoir plus qu'un corps, — qu'en faisant abstraction des limites de ce corps vous n'ayez bientôt plus qu'un espace, — qu'en faisant enfin abstraction des dimensions de cet espace, vous finissiez par ne plus avoir que la quantité toute pure, la catégorie logique. A force d'abstraire ainsi de tout sujet tous les prétendus accidents, animés ou inanimés, hommes ou choses, nous avons raison de dire qu'en dernière abs-

traction on arrive à avoir comme substance les catégories logiques. Ainsi, les métaphysiciens qui, en
faisant ces abstractions, s'imaginent faire de l'analyse,
et qui, à mesure qu'ils se détachent de plus en plus
des objets, s'imaginent s'en approcher au point de les
pénétrer, ces métaphysiciens ont à leur tour raison
de dire que les choses d'ici-bas sont des broderies,
dont les catégories logiques forment le canevas.
Voilà ce qui distingue le philosophe du chrétien. Le
chrétien n'a qu'une seule incarnation du *Logos*, en
dépit de la logique ; le philosophe n'en finit pas avec
les incarnations. Que tout ce qui existe, que tout ce
qui vit sur la terre et sous l'eau, puisse, à force d'abs
traction, être réduit à une catégorie logique ; que de
cette façon le monde réel tout entier puisse se noyer
dans le monde des abstractions, dans le monde des
catégories logiques, qui s'en étonnera ?

Tout ce qui existe, tout ce qui vit sur terre et sous
l'eau, n'existe, ne vit que par un mouvement quelconque. Ainsi, le mouvement de l'histoire produit les
rapports sociaux, le mouvement industriel nous
donne les produits industriels, etc.

De même qu'à force d'abstraction nous avons transformé toute chose en catégorie logique, de même on
n'a qu'à faire abstraction de tout caractère distinctif
des différents mouvements, pour arriver au mouvement à l'état abstrait, au mouvement purement for

mel, à la formule purement logique du mouvement. Si l'on trouve dans les catégories logiques la substance de toute chose, on s'imagine trouver dans la formule logique du mouvement la *méthode absolue*, qui non seulement explique toute chose, mais qui implique encore le mouvement de la chose.

C'est cette méthode absolue dont Hegel parle en ces termes : « La méthode est la force absolue, unique, suprême, infinie, à laquelle aucun objet ne saurait résister ; c'est la tendance de la raison à se reconnaître elle-même en toute chose. » (*Logique*, t. III). Toute chose étant réduite à une catégorie logique, et tout mouvement, tout acte de production à la méthode, il s'ensuit naturellement que tout ensemble de produits et de production, d'objets et de mouvement, se réduit à une métaphysique appliquée. Ce que Hegel a fait pour la religion, le droit, etc., M. Proudhon cherche à le faire pour l'économie politique.

Ainsi, qu'est-ce donc que cette méthode absolue ? L'abstraction du mouvement. Qu'est-ce que l'abstraction du mouvement ? Le mouvement à l'état abstrait. Qu'est-ce que le mouvement à l'état abstrait ? La formule purement logique du mouvement ou le mouvement de la raison pure. En quoi consiste le mouvement de la raison pure ? A se poser, à s'opposer, à se composer, à se formuler comme thèse, antithèse, synthèse, ou bien encore à s'affirmer, à se nier, à nier sa négation.

Comment fait-elle, la raison, pour s'affirmer, pour se poser en catégorie déterminée ? C'est l'affaire de la raison elle-même et de ses apologistes.

Mais une fois qu'elle est parvenue à se poser en thèse, cette thèse, cette pensée, opposée à elle-même, se dédouble en deux pensées contradictoires, le positif et le négatif, le oui et le non. La lutte de ces deux éléments antagonistes, renfermés dans l'antithèse, constitue le mouvement dialectique. Le oui devenant non, le non devenant oui, le oui devenant à la fois oui et non, le non devenant à la fois non et oui, les contraires se balancent, se neutralisent, se paralysent. La fusion de ces deux pensées contradictoires constitue une pensée nouvelle, qui en est la synthèse. Cette pensée nouvelle se déroule encore en deux pensées contradictoires, qui se fondent à leur tour en une nouvelle synthèse. De ce travail d'enfantement naît un groupe de pensées. Ce groupe de pensées suit le même mouvement dialectique qu'une catégorie simple, et a pour antithèse un groupe contradictoire. De ces deux groupes de pensées naît un nouveau groupe de pensées, qui en est la synthèse.

De même que du mouvement dialectique des catégories simples naît le groupe, de même du mouvement dialectique des groupes naît la série, et du mouvement dialectique des séries naît le système tout entier.

Appliquez cette méthode aux catégories de l'économie politique, et vous aurez la logique et la métaphysique de l'économie politique, ou, en d'autres termes, vous aurez les catégories économiques connues de tout le monde, traduites dans un langage peu connu, qui leur donne l'air d'être fraîchement écloses dans une tête raison pure ; tellement ces catégories semblent s'engendrer les unes les autres, s'enchaîner et s'enchevêtrer les unes dans les autres par le seul travail du mouvement dialectique. Que le lecteur ne s'effraie pas de cette métaphysique avec tout son échafaudage de catégories, de groupes, de séries et de systèmes. M. Proudhon, malgré la grande peine qu'il a prise d'escalader la hauteur du *système des contradictions*, n'a jamais pu s'élever au-dessus des deux premiers échelons de la thèse et de l'antithèse simples, et encore ne les a-t-il enjambés que deux fois, et, de ces deux fois, il est tombé une fois à la renverse.

Aussi n'avons-nous exposé jusqu'à présent que la dialectique de Hegel. Nous verrons plus tard comment M. Proudhon a réussi à la réduire aux plus mesquines proportions. Ainsi, pour Hegel, tout ce qui s'est passé et ce qui se passe encore est tout juste ce qui se passe dans son propre raisonnement.

Ainsi la philosophie de l'histoire n'est plus que l'histoire de la philosophie, de sa philosophie à lui. Il n'y a plus « l'histoire selon l'ordre des temps », il n'y a que « la succession des idées dans l'entendement ». Il croit construire le monde par le mouvement de la pensée, tandis qu'il ne fait que reconstruire systématiquement et ranger sous la méthode absolue, les pensées qui sont dans la tête de tout le monde.

Deuxième observation

Les catégories économiques ne sont que les expressions théoriques, les abstractions des rapports sociaux de la production. M. Proudhon, en vrai philosophe, prenant les choses à l'envers, ne voit dans les rapports réels que les incarnations de ces principes, de ces catégories, qui sommeillaient, nous dit encore M. Proudhon le philosophe, au sein « de la raison impersonnelle de l'humanité ».

M. Proudhon l'économiste a très bien compris que les hommes font le drap, la toile, les étoffes de soie, dans des rapports déterminés de production. Mais ce qu'il n'a pas compris, c'est que ces rapports sociaux déterminés sont aussi bien produits par les hommes que la toile, le lin, etc. Les rapports sociaux sont intimement liés aux forces productives. En acquérant de nouvelles forces productives, les hommes changent leur mode de production, et en changeant le mode de production, la manière de gagner leur vie, ils changent tous leurs rapports sociaux. Le moulin à bras vous donnera la société avec le suzerain ; le moulin à vapeur, la société avec le capitaliste industriel.

Les mêmes hommes qui établissent les rapports sociaux conformément à leur productivité matérielle, produisent aussi les principes, les idées, les catégories, conformément à leurs rapports sociaux.

Ainsi ces idées, ces catégories sont aussi peu éternelles que les relations qu'elles expriment. Elles sont des *produits historiques et transitoires*.

Il y a un mouvement continuel d'accroissement dans les forces productives, de destruction dans les rapports sociaux, de formation dans les idées ; il n'y a d'immuable que l'abstraction du mouvement — *mors immortalis*.

Troisième observation

Les rapports de production de toute société forment un tout. M. Proudhon considère les rapports économiques comme autant de phases sociales, s'engendrant l'une l'autre, résultant l'une de l'autre comme l'antithèse de la thèse, et réalisant dans leur succession logique la raison impersonnelle de l'humanité.

Le seul inconvénient qu'il y ait dans cette méthode, c'est qu'en abordant l'examen d'une seule de ces phases, M. Proudhon ne puisse l'expliquer sans avoir recours à tous les autres rapports de la société, rapports que cependant il n'a pas encore fait engendrer par son mouvement dialectique. Lorsque ensuite M. Proudhon, au moyen de la raison pure, passe à l'enfantement des autres phases, il fait comme si c'étaient des enfants nouveau-nés, il oublie qu'elles sont du même âge que la première.

Ainsi, pour arriver à la constitution de la valeur, qui pour lui est la base de toutes les évolutions économiques, il ne pouvait se passer de la division du travail, de la concurrence, etc. Cependant, dans *la série,* dans *l'entendement* de M. Proudhon, dans *la succession logique,* ces rapports n'existaient point encore.

En construisant avec les catégories de l'économie politique l'édifice d'un système idéologique, on disloque les membres du système social. On change les différents membres de la société en autant de sociétés à part, qui arrivent les unes après les autres. Comment, en effet, la seule formule logique du mouvement, de la succession, du temps, pourrait-elle expliquer le corps de la société, dans lequel tous les rapports coexistent simultanément et se supportent les uns les autres?

Quatrième observation

Voyons maintenant quelles modifications M. Proudhon fait subir à la dialectique de Hegel en l'appliquant à l'économie politique.

Pour lui, M. Proudhon, toute catégorie économique a deux côtés, l'un bon, l'autre mauvais. Il envisage les catégories comme le petit bourgeois envisage les grands hommes de l'histoire : *Napoléon* est un grand homme ; il a fait beaucoup de bien, il a fait aussi beaucoup de mal.

Le *bon côté* et le *mauvais côté*, l'*avantage* et l'*inconvénient*, pris ensemble, forment pour M. Proudhon la *contradiction* dans chaque catégorie économique.

Problème à résoudre : Conserver le bon côté, en éliminant le mauvais.

L'*esclavage* est une catégorie économique comme une autre. Donc il a, lui aussi, ses deux côtés. Laissons-là le mauvais côté et parlons du beau côté de l'esclavage : bien entendu qu'il n'est question que de l'esclavage direct, de l'esclavage des noirs dans le Surinam, dans le Brésil, dans les contrées méridionales de l'Amérique du Nord.

L'esclavage direct est le pivot de l'industrie bourgeoise aussi bien que les machines, le crédit, etc. Sans l'esclavage, vous n'avez pas d'industrie moderne. C'est l'esclavage qui a donné leur valeur aux colonies, ce sont les colonies qui ont créé le commerce de l'univers, c'est le commerce de l'univers, qui est la condition de la grande industrie. Ainsi l'esclavage est une catégorie économique de la plus haute importance.

Sans l'esclavage, l'Amérique du Nord, le pays le plus progressif, se transformerait en pays patriarcal. Effacez l'Amérique du Nord de la carte du monde, et vous aurez l'anarchie, la décadence complète du commerce et de la civilisation modernes. Faites disparaître l'esclavage, et vous aurez effacé l'Amérique de la carte des peuples.

Aussi l'esclavage, parce qu'il est une catégorie économique, a toujours été dans les institutions des peuples. Les peuples modernes n'ont su que déguiser l'esclavage dans leur propre pays, ils l'ont imposé sans déguisement au nouveau monde.

Comment M. Proudhon s'y prendra-t-il pour sauver l'esclavage ? Il posera le *problème* : Conserver le bon côté de cette catégorie économique, éliminer le mauvais.

Hegel n'a pas de problèmes à poser. Il n'a que la dialectique. M. Proudhon n'a de la dialectique de

Hegel que le langage. Son mouvement dialectique, à lui, c'est la distinction dogmatique du bon et du mauvais.

Prenons un instant M. Proudhon lui-même comme catégorie. Examinons son bon et son mauvais côté, ses avantages et ses inconvénients.

S'il a sur Hegel l'avantage de poser des problèmes, qu'il se réserve de résoudre pour le plus grand bien de l'humanité, il a l'inconvénient d'être frappé de stérilité quand il s'agit d'engendrer par le travail d'enfantement dialectique une catégorie nouvelle. Ce qui constitue le mouvement dialectique, c'est la coexistence des deux côtés contradictoires, leur lutte et leur fusion en une catégorie nouvelle. Rien qu'à se poser le problème d'éliminer le mauvais côté, on coupe court au mouvement dialectique. Ce n'est pas la catégorie qui se pose et s'oppose à elle-même par sa nature contradictoire, c'est M. Proudhon qui s'émeut, se débat, se démène entre les deux côtés de la catégorie.

Pris ainsi dans une impasse, d'où il est difficile de sortir par les moyens légaux, M. Proudhon fait un véritable soubresaut qui le transporte d'un seul bond dans une catégorie nouvelle. C'est alors que se dévoile à ses yeux étonnés la *série dans l'entendement.*

Il prend la première catégorie venue, et il lui attribue arbitrairement la qualité de porter remède aux inconvénients de la catégorie qu'il s'agit d'épurer. Ainsi les impôts remédient, s'il faut en croire M. Proudhon, aux inconvénients du monopole ; la balance du commerce, aux inconvénients des impôts ; la propriété foncière, aux inconvénients du crédit.

En prenant ainsi successivement les catégories économiques, une à une, et en faisant de celle-ci l'*antidote* de celle-là, M. Proudhon arrive à faire avec ce mélange de contradictions, et d'antidotes aux contradictions, deux volumes de contradictions, qu'il appelle à juste titre : *Le système des contradictions économiques.*

Cinquième observation

« Dans la raison absolue toutes ces idées... sont également simples et générales... En fait nous ne parvenons à la science que par une *sorte d'échafaudage* de nos idées. Mais la vérité en soi est indépendante de ses figures dialectiques et affranchies des combinaisons de notre esprit. » (Proudhon, t. II, p. 97.)

Voilà tout d'un coup, par une sorte de revirement dont nous connaissons maintenant le secret, la métaphysique de l'économie politique devenue une illusion ! Jamais M. Proudhon n'a dit plus vrai. Certes, du moment que le procédé du mouvement dialectique se réduit au simple procédé d'opposer le bon au mauvais, de poser des problèmes tendant à éliminer le mauvais et de donner une catégorie comme antidote à l'autre, les catégories n'ont plus de spontanéité ; l'idée « ne *fonctionne* plus »; elle n'a plus de vie en elle. Elle ne se pose ni ne se décompose plus en catégories. La succession des catégories est devenue une sorte d'*échafaudage*. La dialectique n'est plus le mouvement de la raison absolue. Il n'y a plus de dialectique, il y a tout au plus de la morale toute pure.

Quand M. Proudhon parlait de la *série dans l'entendement*, de la *succession logique des catégories*, il déclairait positivement qu'il ne voulait pas donner *l'histoire selon l'ordre des temps*, c'est-à-dire, d'après M. Proudhon, la succession historique dans laquelle les catégories se sont *manifestées*. Tout se passait alors pour lui dans *l'éther pur de la raison*. Tout devait découler de cet éther au moyen de la dialectique. Maintenant qu'il s'agit de mettre en pratique cette dialectique, la raison lui fait défaut. La dialectique de M. Proudhon fait faux bond à la dialectique de Hegel, et voici que M. Proudhon est amené à dire que l'ordre dans lequel il donne les catégories économiques n'est plus l'ordre dans lequel elles s'engendrent les unes les autres. Les évolutions économiques ne sont plus les évolutions de la raison elle-même.

Qu'est-ce donc que M. Proudhon nous donne ? l'histoire réelle, c'est-à-dire, d'après l'entendement de M. Proudhon, la succession suivant laquelle les catégories se sont *manifestées* dans l'ordre des temps ? Non. L'histoire comme elle se passe dans l'idée elle-même ? Bien moins encore. Ainsi ni l'histoire profane des catégories, ni leur histoire sacrée ! Quelle histoire nous donne-t-il enfin ? L'histoire de ses propres contradictions. Voyons comment elles marchent et comment elles traînent M. Proudhon à leur suite.

Avant d'aborder cet examen, qui donne lieu à la sixième observation importante, nous avons encore une observation importante à faire.

Admettons avec M. Proudhon que l'histoire réelle, l'histoire selon l'ordre des temps, est la succession historique dans laquelle les idées, les catégories, les principes se sont manifestés.

Chaque principe a eu son siècle pour s'y manifester : le principe d'autorité, par exemple, a eu le XIe siècle, de même que le principe d'individualisme le XVIIIe siècle. De conséquence en conséquence, c'était le siècle qui appartenait au principe, et non le principe qui appartenait au siècle. En d'autres termes, c'était le principe qui faisait l'histoire, ce n'était pas l'histoire qui faisait le principe. Lorsque ensuite, pour sauver les principes autant que l'histoire, on se demande pourquoi tel principe s'est manifesté dans le XIe ou dans le XVIIIe siècle plutôt que dans tel autre, on est nécessairement forcé d'examiner minutieusement quels étaient les hommes du XIe siècle, quels étaient ceux du XVIIIe, quels étaient leurs besoins respectifs, leurs forces productrices, leur mode de production, les matières premières de leur production, enfin quels étaient les rapports d'homme à homme qui résultaient de toutes ces conditions d'existence. Approfondir toutes ces questions, n'est-ce pas faire l'histoire réelle, profane des hommes dans chaque siècle, représenter ces hommes à la fois comme les auteurs et les acteurs de leur propre drame ? Mais du moment que vous représentez les hommes comme les acteurs et les auteurs de leur propre histoire, vous êtes, par un détour, arrivé au véritable point de départ, puisque vous avez abandonné les principes éternels dont vous parliez d'abord ?

M. Proudhon ne s'est même pas assez avancé sur le chemin de traverse que prend l'idéologue pour gagner la grande route de l'histoire.

Sixième observation

Prenons avec M. Proudhon le chemin de traverse. Nous voulons bien que les rapports économiques, envisagés comme des *lois immuables*, des *principes éternels*, des *catégories idéales*, fussent antérieurs aux hommes actifs et agissants; nous voulons bien encore que ces lois, ces principes, ces catégories eussent, dès l'origine des temps, sommeillé « dans la raison impersonnelle de l'humanité ». Nous avons déjà vu qu'avec toutes ces éternités immuables et immobiles il n'y a plus d'histoire ; il y a tout au plus l'histoire dans l'idée, c'est-à-dire l'histoire qui se réfléchit dans le mouvement dialectique de la raison pure. M. Proudhon, en disant que, dans le mouvement dialectique, les idées ne se *différencient* plus, a annulé et l'*ombre du mouvement* et le *mouvement des ombres*, au moyen desquels on aurait pu tout au plus encore créer un simulacre de l'histoire. Au lieu de cela, il mpute à l'histoire sa propre impuissance, il s'en prend à tout, jusqu'à la langue française. « Il n'est donc pas exact de dire, dit M. Proudhon le philosophe, que quelque chose *avient*, quelque chose se *produit* : dans la civilisation comme dans l'univers, tout existe, tout agit, depuis toujours. *Il en est ainsi de toute l'économie sociale.* » (Tome II, p, 102.)

Telle est la force productrice des contradictions qui *fonctionnent* et qui font fonctionner M. Proudhon, qu'en voulant expliquer l'histoire il est forcé de la nier, qu'en voulant expliquer la venue successive des rapports sociaux il nie que *quelque chose* puisse *ave-*

nir, qu'en voulant expliquer la production avec toutes ses phases, il conteste que *quelque chose puisse se produire*.

Ainsi, pour M. Proudhon plus d'histoire, plus de succession des idées, et cependant son livre subsiste toujours ; et ce livre est précisément, d'après sa propre expression, *l'histoire selon la succession des idées*. Comment trouver une formule, car M. Proudhon, est l'homme aux formules, qui l'aide à pouvoir sauter *d'un seul bond* par delà toutes ses contradictions ?

Pour cela il a inventé une raison nouvelle, qui n'est ni la raison absolue, pure et vierge, ni la raison commune des hommes actifs et agissants dans les différents siècles, mais qui est une raison tout à part, la raison de la société personne, du sujet *humanité*, qui sous la plume de M. Proudhon débute parfois aussi comme *génie social, raison générale* et en dernier lieu comme *raison humaine*. Cette raison, affublée de tant de noms, se fait cependant à chaque instant reconnaître comme la raison individuelle de M. Proudhon avec son bon et son mauvais côté, ses antidotes et ses problèmes.

« La raison humaine ne crée pas la vérité », cachée dans les profondeurs de la raison absolue, éternelle. Elle ne peut que la dévoiler. Mais les vérités qu'elle a dévoilées jusqu'à présent sont incomplètes, insuffisantes et partant contradictoires. Donc, les catégories économiques, étant elles-mêmes des vérités découvertes, révélées par la raison humaine, par le génie social sont également incomplètes et renferment le germe de la contradiction. Avant M. Proudhon, le génie social n'a vu que les *éléments antagonistes,* et non la *formule synthétique,* cachés tous deux simultanément dans la *raison absolue.* Les rapports économiques, ne faisant que réaliser sur la terre ces vérités insuffisantes, ces catégories incomplètes, ces notions contradictoires sont donc contradictoires en eux-mêmes, et présentent les deux côtés, dont l'un bon, l'autre mauvais.

Trouver la vérité complète, la notion dans toute sa plénitude, la formule synthétique, qui anéantisse l'antinomie, voilà le problème du génie social. Voilà encore pourquoi, dans l'illusion de M. Proudhon, le même génie social a été poussé d'une catégorie à l'autre, sans encore être parvenu, avec toute la batterie de ses catégories, à arracher à Dieu, à la raison absolue, une formule synthétique.

« D'abord, la société (le génie social), pose un premier fait, émet une *hypothèse...* véritable antinomie, dont les résultats antagonistes se déroulent dans l'économie sociale de la même manière que les conséquences auraient pu s'en déduire dans l'esprit ; en sorte que le mouvement industriel, suivant en tout la déduction des idées, se divise en un double courant, l'un d'effets utiles, l'autre de résultats subversifs. Pour constituer harmoniquement ce principe à double face et résoudre cette antinomie, la société en fait surgir une *seconde*, laquelle sera bientôt suivie d'une troisième, et telle sera la *marche du génie social*, jusqu'à ce qu'ayant épuisé toutes ses contradictions, — je suppose, mais cela n'est pas prouvé, que la contradiction dans l'humanité ait un terme, — il revienne d'un bond sur toutes ses positions antérieures et dans *une seule formule* résolve tous ses problèmes. » (Tome 1er, p, 135.)

De même qu'auparavant l'*antithèse* s'est transformée en *antidote*, de même la *thèse* devient maintenant *hypothèse*. Ce changement de termes n'a plus rien qui puisse nous étonner de la part de M. Proudhon. La raison humaine, qui n'est rien moins que pure, n'ayant que des vues incomplètes, rencontre à chaque pas de nouveaux problèmes à résoudre. Chaque nouvelle thèse qu'elle découvre dans la raison absolue et qui est la négation de la première thèse, devient pour elle une synthèse, qu'elle accepte assez naïvement comme la solution du problème en question. C'est ainsi que cette raison se démène dans des contradictions toujours nouvelles, jusqu'à ce que se trouvant à bout de contradictions, elle s'aperçoive que toutes ses thèses et synthèses ne sont que des hypothèses contradictoires. Dans sa perplexité, « la raison humaine, le génie social, revient d'un bond sur tout-tes ses positions antérieures et dans une seule for-mule, résout tous ses problèmes ». Cette formule unique, disons-le en passant, constitue la véritable découverte de M. Proudhon. C'est la *valeur consti-tuée*.

On ne fait des hypothèses qu'en vue d'un but quel-conque. Le but que se proposait en premier lieu le génie social qui parle par la bouche de M. Proudhon, c'était d'éliminer ce qu'il y a de mauvais dans chaque catégorie économique, pour n'avoir que du bon. Pour lui le bon, le bien suprême, le véritable but pra-tique, c'est l'*égalité*. Et pourquoi le génie social se proposait-il l'égalité plutôt que l'inégalité, la frater-nité, le catholicisme, ou tout autre principe ? Parce que « l'humanité n'a réalisé successivement tant d'hy-pothèses particulières qu'en vue d'une hypothèse supérieure », qui est précisément l'égalité. En d'autres mots : parce que l'égalité est l'idéal de M. Proudhon. Il s'imagine que la division du travail, le crédit, l'ate-lier, que tous les rapports économiques n'ont été inventés qu'au profit de l'égalité, et cependant ils ont toujours fini par tourner contre elle. De ce que l'his-toire et la fiction de M. Proudhon se contredisent à chaque pas, ce dernier conclut qu'il y a contradiction. S'il y a contradiction, elle n'existe qu'entre son idée fixe et le mouvement réel.

Désormais le bon côté d'un rapport économique, c'est celui qui affirme l'égalité ; le mauvais côté, c'est celui qui la nie et affirme l'inégalité. Toute nouvelle catégorie est une hypothèse du génie social, pour éliminer l'inégalité engendrée par l'hypothèse précédente. En résumé, l'égalité est l'*intention primitive* ; la *tendance mystique*, le *but providentiel* que le génie social a constamment devant les yeux, en tournoyant dans le cercle des contradictions économiques. Aussi la *Providence* est-elle la locomotive qui fait mieux marcher tout le bagage économique de M. Proudhon que sa raison pure et évaporée. Il a consacré à la Providence tout un chapitre, qui suit celui des impôts.

Providence, but providentiel, voilà le grand mot dont on se sert aujourd'hui, pour expliquer la marche de l'histoire. Dans le fait ce mot n'explique rien. C'est tout au plus une forme déclamatoire, une manière comme une autre de paraphraser les faits.

Il est de fait qu'en Ecosse les propriétés foncières obtinrent une valeur nouvelle par le développement de l'industrie anglaise. Cette industrie ouvrit de nouveaux débouchés à la laine. Pour produire la laine en grand, il fallait transformer les champs labourables en pâturages. Pour effectuer cette transformation, il fallait concentrer les propriétés. Pour concentrer les propriétés, il fallait abolir les petites tenures, chasser des milliers de tenanciers de leur pays natal, et mettre à leur place quelque pasteurs surveillants de millions de moutons. Ainsi, par des transformations successives, la propriété foncière a eu pour résultat en Écosse de faire chasser les hommes par les moutons. Dites maintenant que le but providentiel de l'institution de la propriété foncière en Écosse avait été de faire chasser les hommes par les moutons, et vous aurez fait de l'histoire providentielle.

Certes, la tendance à l'égalité appartient à notre siècle. Dire maintenant que tous les siècles antérieurs, avec des besoins, des moyens de production, etc., tout à fait différents, travaillaient providentiellement à la réalisation de l'égalité, c'est d'abord substituer les moyens et les hommes de notre siècle aux hommes et aux moyens des siècles antérieurs, et méconnaître le mouvement historique par lequel les générations successives transformaient les résultats acquis des générations qui les précédaient. Les économistes savent très bien que la même chose qui était pour l'un la matière ouvragée n'est pour l'autre que la matière première de nouvelle production.

Supposez, comme le fait M. Proudhon, que le génie social ait produit, ou plutôt improvisé, les seigneurs féodaux dans le but providentiel de transformer les *colons* en *travailleurs responsables* et *égalitaires :* et vous aurez fait une substitution de buts et de personnes toute digne de cette Providence qui en Écosse instituait la propriété foncière, pour se donner le malin plaisir de faire chasser les hommes par les moutons.

Mais puisque M. Proudhon prend un intérêt si tendre à la Providence, nous le renvoyons à l'*Histoire de l'Économie politique* de M. de Villeneuve-Bargemont, qui, lui aussi, court après un but providentiel. Ce but, ce n'est plus l'égalité, c'est le catholicisme.

Septième et dernière observation

Les économistes ont une singulière manière de procéder. Il n'y a pour eux que deux sortes d'institutions, celles de l'art et celles de la nature. Les institutions de la féodalité sont des institutions artificielles, celles de la bourgeoisie sont des institutions naturelles. Ils ressemblent en ceci aux théologiens, qui eux aussi établissent deux sortes de religions. Toute religion qui n'est pas la leur est une invention des hommes, tandis que leur propre religion est une émanation de Dieu. En disant que les rapports actuels — les rapports de la production bourgeoise — sont naturels, les économistes font entendre que ce sont là des rapports dans lesquels se crée la richesse et se développent les forces productives conformément

aux lois de la nature. Donc ces rapports sont eux-
mêmes des lois naturelles indépendantes de l'influence du temps. Ce sont des lois éternelles qui doivent
toujours régir la société. Ainsi il y a eu de l'histoire,
mais il n'y en a plus. Il y a eu de l'histoire, puisqu'il
y a eu des institutions de féodalité, et que dans ces
institutions de féodalité on trouve des rapports de
production tout à fait différents de ceux de la société
bourgeoise, que les économistes veulent faire passer
pour naturels et partant éternels.

La féodalité aussi avait son prolétariat — le servage, qui renfermait tous les germes de la bourgeoisie. La production féodale aussi avait deux éléments
antagonistes, qu'on désigne également sous le nom
de *beau côté* et de *mauvais côté* de la féodalité, sans
considérer que c'est toujours le mauvais côté, qui
finit par l'emporter sur le côté beau. C'est le mauvais côté qui produit le mouvement qui fait l'histoire
en constituant la lutte. Si, à l'époque du règne de la
féodalité, les économistes, enthousiasmés des vertus
chevaleresques, de la bonne harmonie entre les droits
et les devoirs, de la vie patriarcale des villes, de
l'état de prospérité de l'industrie domestique dans
les campagnes, du développement de l'industrie
organisée par corporations, jurandes, maîtrises, enfin
de tout ce qui constitue le beau côté de la féodalité,
s'étaient proposé le problème d'éliminer tout ce qui

fait ombre à ce tableau — servage, privilèges, anarchie — qu'en serait-il arrivé ? On aurait anéanti tous
les éléments qui constituaient la lutte, et étouffé dans
son germe le développement de la bourgeoisie. On
se serait posé l'absurde problème d'éliminer l'histoire.

Lorsque la bourgeoisie l'eut emporté, il ne fut plus
question ni du bon, ni du mauvais côté de la féodalité. Les forces productives qui s'étaient développées
par elle sous la féodalité, lui furent acquises. Toutes
les anciennes formes économiques, les relations civiles qui leur correspondaient, l'état politique qui était
l'expression officielle de l'ancienne société civile,
étaient brisés.

Ainsi, pour bien juger la production féodale, il faut
la considérer comme un mode de production fondé
sur l'antagonisme. Il faut montrer comment la
richesse se produisait au dedans de cet antagonisme,
comment les forces productives se développaient,
en même temps que l'antagonisme des classes, comment l'une des classes, le mauvais côté, l'inconvénient de la société, allait toujours croissant, jusqu'à
ce que les conditions matérielles de son émancipation
fussent arrivées au point de maturité. N'est-ce pas
dire assez que le mode de production, les rapports
dans lesquels les forces productives se développent,
ne sont rien moins que des lois éternelles, mais qu'ils

correspondent à un développement déterminé des hommes et de leurs forces productives, et qu'un changement survenu dans les forces productives des hommes amène nécessairement un changement dans leurs rapports de production ? Comme il importe avant tout, de ne pas être privé des fruits de la civilisation, des forces productives acquises, il faut briser les formes traditionnelles dans lesquelles elles ont été produites. Dès ce moment, la classe révolutionnaire devient conservatrice.

La bourgeoisie commence avec un prolétariat qui lui-même est un reste du prolétariat des temps féodaux. Dans le cours de son développement historique, la bourgeoisie développe nécessairement son caractère antagoniste, qui à son début se trouve être plus ou moins déguisé, qui n'existe qu'à l'état latent. A mesure que la bourgeoisie se développe, il se développe dans son sein un nouveau prolétariat, un prolétariat moderne : il se développe une lutte entre la classe prolétaire et la classe bourgeoise, lutte qui, avant d'être sentie des deux côtés, aperçue, appréciée, comprise, avouée et hautement proclamée, ne se manifeste préalablement que par des conflits partiels et momentanés, par des faits subversifs. D'un autre côté, si tous les membres de la bourgeoisie moderne ont le même intérêt en tant qu'ils forment une classe vis-à-vis d'une autre classe, ils ont des intérêts opposés, antagonistes, en tant qu'ils se trouvent les uns vis-à-vis des autres. Cette opposition des intérêts découle des conditions économiques de leur vie bourgeoise. De jour en jour il devient donc plus clair que les rapports de production dans lesquels se meut la bourgeoisie n'ont pas un caractère un, un caractère simple, mais un caractère de duplicité ; que dans les même rapports dans lesquels se produit la richesse la misère se produit aussi ; que dans les mêmes rapports dans lesquels il y a développement des forces productives, il y a une force productrice de répression ; que ces rapports ne produisent la *richesse bourgeoise*, c'est-à-dire la richesse de la classe bourgeoise, qu'en anéantissant continuellement la richesse des membres intégrants de cette classe et en produisant un prolétariat toujours croissant.

Plus le caractère antagoniste se met au jour, plus les économistes, les représentants scientifiques de la production bourgeoise, se brouillent avec leur propre théorie ; et de différentes écoles se forment.

Nous avons les économistes *fatalistes*, qui dans leur théorie sont aussi indifférents à ce qu'ils appellent les inconvénients de la production bourgeoise, que les bourgeois eux-mêmes le sont dans la pratique aux souffrances des prolétaires qui les aident à acquérir des richesses. Dans cette école fataliste il y a des classiques et des romantiques. Les classiques, comme Adam Smith et Ricardo, représentent une bourgeoisie qui, luttant encore avec les restes de la société féodale, ne travaille qu'à épurer les rapports économiques des taches féodales, à augmenter les forces productives, et à donner à l'industrie et au commerce un nouvel essor. Le prolétariat participant à cette lutte, absorbé dans ce travail fébrile, n'a que des souffrances passagères, accidentelles, et lui-même les regarde comme telles. Les économistes comme Adam Smith et Ricardo, qui sont les historiens de cette époque, n'ont d'autre mission que de démontrer comment la richesse s'acquiert dans les rapports de la production bourgeoise, de formuler ces rapports en catégories, en lois, et de démontrer combien ces lois, ces catégories sont pour la production des richesses supérieures aux lois et aux catégories de la société féodale. La misère n'est à leurs yeux que la douleur qui accompagne tout enfantement, dans la nature aussi bien que dans l'industrie.

Les romantiques appartiennent à notre époque, où la bourgeoisie est en opposition directe avec le prolétariat : où la misère s'engendre en aussi grande abondance que la richesse. Les économistes se posent alors en fatalistes blasés qui, du haut de leur position, jettent un superbe regard de dédain sur les hommes locomotives qui fabriquent les richesses. Ils copient tous les développements donnés par leurs prédécesseurs, et l'indifférence qui chez ceux-là était de la naïveté devient pour eux de la coquetterie.

Vient ensuite l'*école humanitaire*, qui prend à cœur le mauvais côté des rapports de production actuels. Celle-ci cherche, par acquit de conscience, à pallier tant soit peu les contrastes réels ; elle déplore sincèrement la détresse du prolétariat, la concurrence effrénée des bourgeois entre eux-mêmes ; elle conseille aux ouvriers d'être sobres, de bien travailler et de faire peu d'enfants ; elle recommande aux bourgeois de mettre dans la production une ardeur réfléchie. Toute la théorie de cette école repose sur des distinctions interminables entre la théorie et la pratique, entre les principes et les résultats, entre l'idée et l'application, entre le contenu et la forme, entre l'essence et la réalité, entre le droit et le fait, entre le bon et le mauvais côté.

L'école *philanthrope* est l'école humanitaire perfectionnée. Elle nie la nécessité de l'antagonisme ; elle veut faire de tous les hommes des bourgeois ; elle veut réaliser la théorie en tant qu'elle se distingue de la pratique et qu'elle ne renferme pas d'antagonisme. Il va sans dire que, dans la théorie, il est aisé de faire abstraction des contradictions qu'on rencontre à chaque instant dans la réalité. Cette théorie deviendrait alors la réalité idéalisée. Les philanthropes veulent donc conserver les catégories qui expriment les rapports bourgeois, sans avoir l'antagonisme qui les constitue et qui en est inséparable. Ils s'imaginent combattre sérieusement la pratique bourgeoise, et ils sont plus bourgeois que les autres.

De même que les *économistes* sont les représentants scientifiques de la classe bourgeoise, de même les *socialistes* et les *communistes* sont les théoriciens de la classe prolétaire. Tant que le prolétariat n'est pas encore assez développé pour se constituer en classe, que par conséquent la lutte même du prolétariat avec la bourgeoisie n'a pas encore un caractère politique, et que les forces productives ne se sont pas encore assez développées dans le sein de la bourgeoisie elle-même, pour laisser entrevoir les conditions matérielles nécessaires à l'affranchissement du prolétariat et à la formation d'une société nouvelle, ces théoriciens ne sont que des utopistes qui, pour obvier aux besoins des classes opprimées, improvisent des systèmes et courent après une science régénératrice. Mais à mesure que l'histoire marche et qu'avec elle la lutte du prolétariat se dessine plus nettement, ils n'ont plus besoin de chercher de la science dans leur esprit, ils n'ont qu'à se rendre compte de ce qui se passe devant leurs yeux et de s'en faire l'organe. Tant qu'ils cherchent la science et ne font que des systèmes, tant qu'ils sont au début de la lutte, ils ne voient dans la misère que la misère, sans y voir le côté révolutionnaire, subversif, qui renversera la société ancienne. Dès ce moment, la science produite par le mouvement historique, et s'y associant en pleine connaissance de cause, a cessé d'être doctrinaire, elle est devenue révolutionnaire.

Revenons à M. Proudhon.

Chaque rapport économique a un bon et un mauvais côté : c'est le seul point où M. Proudhon ne se dément pas. Le bon côté, il le voit exposé par les économistes ; le mauvais côté, il le voit dénoncé par les socialistes. Il emprunte aux économistes la nécessité des rapports éternels ; il emprunte aux socialistes l'illusion de ne voir dans la misère que la misère. Il est d'accord avec les uns et les autres en voulant s'en référer à l'autorité de la science. La science, pour lui, se réduit aux minces proportions d'une formule scientifique. C'est ainsi que M. Proudhon se flatte d'avoir donné la critique et de l'économie politique et du communisme : il est au-dessous de l'une et de l'autre. Au-dessous des économistes, puisque comme philosophe, qui a sous la main une formule magique, il a cru pouvoir se dispenser d'entrer dans des détails purement économiques ; au-dessous des socialistes, puisqu'il n'a ni assez de courage, ni assez de lumières pour s'élever, ne serait-ce que spéculativement, au-dessus de l'horizon bourgeois.

Il veut être la synthèse, il est une erreur composée.

Il veut planer en homme de science au-dessus des bourgeois et des prolétaires ; il n'est que le petit bourgeois, ballotté constamment entre le capital et le travail, entre l'économie politique et le communisme.

§ II. — LA DIVISION DU TRAVAIL ET LES MACHINES

La division du travail ouvre, d'après M. Proudhon, la série des *évolutions économiques*.

Bon côté de la division du travail.

« Considérée dans son essence, la division du travail est le mode selon lequel se réalise *l'égalité* des conditions et des intelligences. » (T. Ier, p. 93.)

« La division du travail est devenue pour nous un instrument de misère. » (T. Ier, p. 99.)

VARIANTE.

Mauvais côté de la division du travail.

« Le travail en se *divisant selon la loi* qui lui est propre, et qui est la condition première de sa fécondité, aboutit à la négation de ses fins et se détruit lui-même. » (T. Ier, p. 94.)

Problème à résou-dre.

> Trouver « la recomposition qui efface les inconvénients de la division, tout en conservant ses effets utiles ». (T. Ier, p. 97.)

La division du travail est, d'après M. Proudhon, une loi éternelle, une catégorie simple et abstraite. Il faut donc aussi que l'abstraction, l'idée, le mot lui suffise pour expliquer la division du travail aux différentes époques de l'histoire. Les castes, les corporations, le régime manufacturier, la grande industrie doivent s'expliquer par le seul mot *diviser*. Etudiez d'abord bien le sens de diviser, et vous n'aurez pas besoin d'étudier les nombreuses influences qui donnent à la division du travail un caractère déterminé à chaque époque.

Certes, ce serait rendre les choses par trop simples, que de les réduire aux catégories de M. Proudhon. L'histoire ne procède pas aussi catégoriquement. Il a fallu trois siècles entiers, en Allemagne, pour établir la première division du travail en grand, qui est la séparation des villes d'avec les campagnes. A mesure que se modifiait ce seul rapport de la ville à la campagne, la société se modifiait tout entière. A n'envisager que cette seule face de la division du travail, vous avez les républiques anciennes ou la féodalité chrétienne; l'ancienne Angleterre avec ses barons, ou l'Angleterre moderne avec ses seigneurs du coton (*cotton-lords*). Au XIVᵉ et au XVᵉ siècle, lorsqu'il n'y avait pas encore de colonies, que l'Amérique n'existait pas encore pour l'Europe, que l'Asie n'existait que par l'intermédiaire de Constantinople, que la Méditerranée était le centre de l'activité commerciale, la division du travail avait une toute autre forme, un tout autre aspect qu'au XVIIᵉ siècle, alors que les Espagnols, les Portugais, les Anglais, les Français avaient des colonies établies dans toutes les parties du monde. L'étendue du marché, sa physionomie donnent à la division du travail aux différentes époques une physionomie, un caractère qu'il serait difficile de déduire du seul mot *diviser*, de l'idée, de la catégorie.

« Tous les économistes, dit M. Proudhon, depuis A. Smith ont signalé les *avantages* et les *inconvénients* de la loi de division, mais en insistant beaucoup plus sur les premiers que sur les seconds, parce que cela servait mieux leur optimisme, et sans qu'aucun d'eux se soit jamais demandé ce que pouvaient être les inconvénients d'une loi... Comment le même principe, poursuivi rigoureusement dans ses conséquences, conduit-il à des effets diamétralement opposés ? Pas un économiste, ni avant ni depuis A. Smith, ne s'est seulement aperçu qu'il y eût là un problème à éclaircir. Say va jusqu'à reconnaître que dans la division du travail la même cause qui produit le bien engendre le mal. »

A. Smith va plus loin que ne le pense M. Proudhon. Il a très bien vu que, « dans la réalité la différence des talents naturels entre les individus est bien moindre que nous le croyons. Ces dispositions si différentes, qui semblent distinguer les hommes des diverses professions, quand ils sont parvenus à la maturité de l'âge, ne sont pas tant la *cause* que l'*effet* de la division du travail. » Dans le principe, un portefaix diffère moins d'un philosophe qu'un mâtin d'un lévrier. C'est la division du travail qui a mis un abîme entre l'un et l'autre. Tout cela n'empêche pas M. Proudhon de dire, dans un autre endroit, qu'Adam Smith ne se doutait même pas des inconvénients que produit la division du travail. C'est encore ce qui lui fait dire que J.-B. Say a le *premier* reconnu « que dans la division du travail la même cause qui produit le bien engendre le mal. »

Mais écoutons Lemontey : *Suum cuique.*

« M. J.-B. Say m'a fait l'honneur d'adopter dans son excellent traité d'économie politique, le principe *que j'ai mis au jour* dans ce fragment sur l'influence morale de la division du travail. Le titre un peu frivole de mon livre ne lui a sans doute pas permis de me citer. Je ne puis attribuer qu'à ce motif le silence d'un écrivain trop riche de son propre fonds pour désavouer un emprunt aussi modique. » (Lemontey, *Œuvres complètes*, tome Ier, p. 245, Paris, 1840.)

Rendons-lui cette justice : Lemontey a spirituellement exposé les conséquences fâcheuses de la division du travail telle qu'elle est constituée de nos jours, et M. Proudhon n'a rien trouvé à y ajouter. Mais puisque, par la faute de M. Proudhon, nous sommes une fois engagé dans cette question de priorité, disons encore en passant que, bien longtemps avant M. Lemontey, et dix-sept ans avant Adam Smith, élève d'A. Ferguson, celui-ci a exposé nettement la chose dans un chapitre qui traite spécialement de la division du travail.

« Il y aurait lieu même de douter si la capacité générale d'une nation croît en proportion du progrès des arts. Plusieurs arts mécaniques... réussissent parfaitement lorsqu'ils sont totalement destitués du secours de la raison et du sentiment, et l'ignorance est la mère de l'industrie aussi bien que de la superstition. La réflexion et l'imagination sont sujettes à s'égarer : mais l'habitude de mouvoir le pied ou la main ne dépend ni de l'une ni de l'autre. Ainsi on pourrait dire que la perfection, à l'égard des manufactures, consiste à pouvoir se passer de l'esprit, de manière que sans effort de tête l'atelier puisse être considéré comme une machine dont les parties sont des hommes... L'officier général peut être très habile dans l'art de la guerre, tandis que tout le mérite du soldat se borne à exécuter quelques mouvements du pied ou de la main. L'un peut avoir gagné ce que l'autre a perdu... Dans une période où tout est séparé, l'art de penser peut lui-même former un métier à part. » (A. Ferguson, *Essai sur l'histoire de la société civile*, Paris, 1783.)

Pour terminer l'aperçu littéraire, nous nions formellement que « *tous* les économistes aient insisté beaucoup plus sur les avantages que sur les inconvénients de la division du travail ». Il suffit de nommer Sismondi.

Ainsi, pour ce qui concerne les *avantages* de la division du travail, M. Proudhon n'avait rien d'autre à faire que de paraphraser plus ou moins pompeusement les phrases générales que tout le monde connaît.

Voyons maintenant comment il fait dériver de la division du travail prise comme loi générale, comme catégorie, comme pensée, les *inconvénients* qui y sont attachés. Comment se fait-il que cette catégorie, cette loi, implique une répartition inégale du travail au détriment du système égalitaire de M. Proudhon ?

« A cette heure solennelle de la division du travail, le vent des tempêtes commence à souffler sur l'humanité. Le progrès ne s'accomplit pas pour tous d'une manière égale et uniforme;... il commence par s'emparer d'un petit nombre de privilégiés... C'est cette acception de personnes de la part du progrès qui a fait croire si longtemps à l'inégalité naturelle et providentielle des conditions, enfanté les castes et constitué hiérarchiquement toutes les sociétés. » (Proudhon, t. I, p. 97.)

La division du travail a fait les castes. Or, les castes, ce sont les inconvénients de la division du travail; donc c'est la division du travail qui a engendré des inconvénients. *Quod erat demonstrandum*. Veut-on aller plus loin et demandera-t-on ce qui a fait faire à la division du travail les castes, les constitutions hiérarchiques et les privilégiés ? M. Proudhon vous dira : Le progrès. Et qu'est-ce qui a fait le progrès ? La borne. La borne, pour M. Proudhon, c'est l'acception de personnes de la part du progrès.

Après la philosophie vient l'histoire. Ce n'est plus ni de l'histoire descriptive, ni de l'histoire dialectique, c'est de l'histoire comparée. M. Proudhon établit un parallèle entre l'ouvrier imprimeur actuel et l'ouvrier imprimeur du moyen âge; entre l'ouvrier du Creusot et le maréchal-ferrant de la campagne ; entre l'homme de lettres de nos jours et l'homme de lettres du moyen âge, et il fait pencher la balance du côté de ceux qui appartiennent plus ou moins à la division du travail telle que le moyen âge l'a constituée ou transmise. Il oppose la division du travail d'une époque historique à la division du travail d'une autre époque historique. Était-ce là ce que M. Proudhon avait à démontrer? Non. Il devait nous montrer les inconvénients de la division du travail en général, de la division du travail comme catégorie. A quoi bon d'ailleurs insister sur cette partie de l'ouvrage de M. Proudhon, puisque nous le verrons un peu plus loin rétracter lui-même formellement tous ces prétendus développements ?

« Le premier effet du travail parcellaire, continue M. Proudhon, après la *dépravation de l'âme*, est la prolongation des séances qui croissent en raison inverse de la somme d'intelligence dépensée... Mais comme la durée des séances ne peut excéder seize à dix-huit heures par jour, du moment où la compensation ne pourra se prendre sur le temps, elle se prendra sur le prix et le salaire diminuera... Ce qui est certain et qu'il s'agit uniquement pour nous de noter, c'est que la *conscience universelle* ne met pas au même taux le travail d'un contremaître et la manœuvre d'un goujat. Il y a *donc* nécessité de réduction sur le prix de la journée : en sorte que le travailleur, après avoir été affligé dans son âme par une fonction dégradante, ne peut manquer d'être frappé aussi dans son corps par la modicité de la récompense. »

Nous passons sur la valeur logique de ces syllogismes, que Kant appellerait des paralogismes donnant de côté.

En voici la substance :

La division du travail réduit l'ouvrier à une fonction dégradante ; à cette fonction dégradante correspond une âme dépravée ; à la dépravation de l'âme convient une réduction toujours croissante du salaire. Et pour prouver que cette réduction des salaires convient à une âme dépravée, M. Proudhon dit, par acquit de conscience, que c'est la conscience universelle qui le veut ainsi. L'âme de M. Proudhon est-elle comptée dans la conscience universelle?

Les *machines* sont, pour M. Proudhon, « l'antithèse logique de la division du travail », et, à l'appui de sa dialectique, il commence par transformer les machines en *atelier*.

Après avoir supposé l'atelier moderne, pour faire découler de la division du travail la misère, M. Proudhon suppose la misère engendrée par la division du travail, pour arriver à l'atelier et pour pouvoir le représenter comme la négation dialectique de cette misère. Après avoir frappé le travailleur au moral par une *fonction dégradante*, au physique par la modicité du salaire; après avoir mis l'ouvrier dans la *dépendance du contremaître*, et rabaissé son travail jusqu'à la *manœuvre d'un goujat*, il s'en prend de nouveau à l'atelier et aux machines pour *dégrader* le travailleur « en lui donnant un *maître* », et il achève son avilissement en le faisant « déchoir du rang d'artisan à celui de *manœuvre* ». La belle dialectique ! Et encore s'il s'en tenait là ; mais non, il lui faut une nouvelle histoire de la division du travail, non plus pour en faire dériver les contradictions, mais pour reconstruire l'atelier à sa manière. Pour arriver à ce but, il a besoin d'oublier tout ce qu'il vient de dire sur la division.

Le travail s'organise, se divise autrement selon les instruments dont il dispose. Le moulin à bras suppose une autre division du travail que le moulin à vapeur. C'est donc heurter de front l'histoire que de vouloir commencer par la division du travail en général, pour en venir ensuite à un instrument spécifique de production, les machines.

Les machines ne sont pas plus une catégorie économique, que ne saurait l'être le bœuf qui traîne la charrue. Les machines ne sont qu'une force productive. L'atelier moderne, qui repose sur l'application des machines, est un rapport social de production, une catégorie économique.

Voyons maintenant comment les choses se passent dans la brillante imagination de M. Proudhon.

« Dans la société, l'apparition incessante des machines est l'antithèse, la formule inverse du travail : c'est la *protestation* du génie industriel contre le *tra-*

vail parcellaire et homicide. Qu'est-ce en effet qu'une machine ? *Une manière de réunir diverses particules du travail,* que la division avait séparées. Toute machine peut être définie un résumé de plusieurs opérations... Donc par la machine, il y aura *restauration de travailleur*... Les machines, se posant dans l'économie politique contradictoirement à la division du travail, représentent la synthèse, s'opposant dans l'esprit humain à l'analyse... La division ne faisait que séparer les diverses parties du travail, laissant chacun se livrer à la spécialité qui lui agréait le plus : l'atelier groupe les travailleurs, selon le rapport de chaque partie au tout... il introduit le principe d'autorité dans le travail... Mais ce n'est pas tout : la *machine* ou l'*atelier*, après avoir dégradé le travailleur en lui donnant un maître, achève son avilissement en le faisant déchoir du rang d'artisan à celui de manœuvre... La période que nous parcourons en ce moment, celle des machines, se distingue par un caractère particulier, c'est le *salariat.* Le salariat est *postérieur* à la division du travail et à l'échange. »

Une simple observation à M. Proudhon. La séparation des diverses parties du travail, laissant à chacun la faculté de se livrer à la spécialité qui lui agrée le plus, séparation que M. Proudhon fait dater du commencement du monde, n'existe que dans l'industrie moderne, sous le régime de la concurrence.

M. Proudhon nous fait ensuite une « généalogie » par trop « intéressante », pour démontrer comment l'atelier est né de la division du travail, et le salariat de l'atelier.

1° Il suppose un homme qui a « remarqué qu'en divisant la production en ses diverses parties, et la faisant exécuter chacune par un ouvrier à part » on multiplierait les forces de production.

2° Cet homme, saisissant le fil de cette idée, se dit qu'en formant un groupe permanent de travailleurs assortis pour l'objet spécial qu'il se *propose*, il obtiendra une production plus soutenue, etc.

3° Cet homme fait une *proposition* à d'autres hommes, pour leur faire saisir son idée et le fil de son idée.

4° Cet homme, au début de l'industrie, traite d'*égal à égal* avec *ses compagnons* devenus plus tard *ses ouvriers*.

5° « Il est sensible, en effet, que cette égalité primitive a dû rapidement disparaître par la position avantageuse du maître et la dépendance du salarié. »

Voilà encore un échantillon de la *méthode historique et descriptive* de M. Proudhon.

Examinons maintenant, sous le point de vue historique et économique, si véritablement l'atelier ou la machine a introduit le *principe d'autorité* dans la société postérieurement à la division du travail ; s'il a d'un côté réhabilité l'ouvrier, tout en le soumettant de l'autre à l'autorité ; si la machine est la recomposition du travail divisé, la *synthèse* du travail opposée à son *analyse*.

La société tout entière a cela de commun avec l'intérieur d'un atelier, qu'elle aussi a sa division du travail. Si l'on prenait pour modèle la division du travail dans un atelier moderne, pour en faire l'application à une société entière, la société la mieux organisée pour la production des richesses serait incontestablement celle qui n'aurait qu'un seul entrepreneur en chef, distribuant la besogne selon une règle arrêtée d'avance aux divers membres de la communauté. Mais il n'en est point ainsi. Tandis que dans l'intérieur de l'atelier moderne la division du travail est minutieusement réglée par l'autorité de l'entrepreneur, la société moderne n'a d'autre règle, d'autre autorité, pour distribuer le travail, que la libre concurrence.

Sous le régime patriarcal, sous le régime des castes, sous le régime féodal et corporatif, il y avait division du travail dans la société tout entière selon des règles fixes. Ces règles ont-elles été établies par un législateur ? Non. Nées primitivement des conditions de la production matérielle, elles n'ont été érigées en lois que bien plus tard. C'est ainsi que ces diverses formes de la division du travail devinrent autant de bases d'organisation sociale. Quant à la division du travail dans l'atelier, elle était très peu développée dans toutes ces formes de la société.

On peut même établir en règle générale, que moins l'autorité préside à la division du travail dans l'intérieur de la société, plus la division du travail se développe dans l'intérieur de l'atelier, et plus elle y est soumise à l'autorité d'un seul. Ainsi, l'autorité dans l'atelier et celle dans la société, par rapport à la division du travail, sont en *raison inverse* l'une de l'autre.

Il importe maintenant de voir ce que c'est que l'atelier, dans lequel les occupations sont très séparées, où la tâche de chaque ouvrier est réduite à une opération très simple, et où l'autorité, le capital, groupe et dirige les travaux. Comment cet atelier a-t-il pris naissance ? Pour répondre à cette question, nous aurions à examiner, comment l'industrie manufacturière proprement dite s'est développée. J'entends parler de cette industrie qui n'est pas encore l'industrie moderne, avec ses machines, mais qui n'est déjà plus ni l'industrie des artisans du moyen âge, ni l'industrie domestique. Nous n'entrerons pas en de grands détails : nous ne donnerons que quelques points sommaires, pour faire voir qu'avec des formules on ne peut pas faire de l'histoire.

Une condition des plus indispensables pour la formation de l'industrie manufacturière était l'accumulation des capitaux, facilitée par la découverte de l'Amérique et de l'introduction de ses métaux précieux.

Il est suffisamment prouvé que l'augmentation des moyens d'échange eut pour conséquence, d'un côté, la dépréciation des salaires et des rentes foncières, et de l'autre, l'accroissement des profits industriels. En d'autres termes : autant la classe des propriétaires et la classe des travailleurs, les seigneurs féodaux et le peuple, tombèrent, autant s'éleva la classe des capitalistes, la bourgeoisie.

Il y eut d'autres circonstances encore qui concoururent simultanément au développement de l'industrie manufacturière : l'augmentation des marchandises mises en circulation dès que le commerce pénétra aux Indes orientales par la voie du cap de Bonne-Espérance, le régime colonial, le développement du commerce maritime.

Un autre point qu'on n'a pas encore assez apprécié dans l'histoire de l'industrie manufacturière, c'est le licenciement des nombreuses suites des seigneurs féodaux, dont les membres subalternes devinrent des vagabonds avant d'entrer dans l'atelier. La création de l'atelier est précédée d'un vagabondage presque universel au xvᵉ et au xvɪᵉ siècles. L'atelier trouva encore un puissant appui dans les nombreux paysans qui, chassés continuellement des campagnes par la transformation des champs en prairies et par les progrès agricoles nécessitant moins de bras pour la culture des terres, vinrent affluer dans les villes pendant des siècles entiers.

L'agrandissement du marché, l'accumulation des capitaux, les modifications survenues dans la position sociale des classes, une foule de personnes se trouvant privées de leurs sources de revenu, voilà autant de conditions historiques pour la formation de la manufacture. Ce ne furent pas, comme dit M. Proudhon, des stipulations à l'amiable entre des égaux, qui ont rassemblé les hommes dans l'atelier. Ce n'est pas même dans le sein des anciennes corporations que la manufacture a pris naissance. Ce fut le marchand qui devint chef de l'atelier moderne, et non pas l'ancien maître des corporations. Presque partout il y eut une lutte acharnée entre la manufacture et les métiers.

L'accumulation et la concentration d'instruments et de travailleurs précéda le développement de la division du travail dans l'intérieur de l'atelier. Une manufacture consistait beaucoup plus dans la réunion de beaucoup de travailleurs et de beaucoup de métiers dans un seul endroit, dans une salle sous le commandement d'un capital, que dans l'analyse des travaux et dans l'adaptation d'un ouvrier spécial à une tâche très simple.

L'utilité d'un atelier consistait bien moins dans la division du travail proprement dite, que dans cette circonstance qu'on travaillait sur une plus grande échelle, qu'on épargnait beaucoup de faux frais, etc. A la fin du XVIe et au commencement du XVIIe siècle, la manufacture hollandaise connaissait à peine la division.

Le développement de la division du travail suppose la réunion des travailleurs dans un atelier. Il n'y a même pas un seul exemple, ni au XVIe, ni au XVIIe siècle, que les diverses branches d'un même métier aient été exploitées séparément au point qu'il aurait suffi de les réunir dans un seul endroit pour obtenir l'atelier tout fait. Mais une fois les hommes et les instruments réunis, la division du travail telle qu'elle existait sous la forme des corporations se reproduisait, se reflétait nécessairement dans l'intérieur de l'atelier.

Pour M. Proudhon, qui voit les choses à l'envers, si toutefois il les voit, la division du travail dans le sens d'Adam Smith, précède l'atelier, qui en est une condition d'existence.

Les *machines* proprement dites datent de la fin du XVIIIe siècle. Rien de plus absurde que de voir dans les machines l'*antithèse* de la division du travail, la *syn-*

thèse rétablissant l'unité dans le travail morcelé.

La machine est une réunion des instruments du travail, et pas du tout une combinaison des travaux pour l'ouvrier lui-même. « Quand, par la division du travail, chaque opération particulière a été réduite à l'emploi d'un instrument simple, la réunion de tous ces instruments, mis en action par un seul moteur, constitue — une machine. » (Babbage, *Traité sur l'Economie des machines*, etc., Paris, 1833.) Outils simples, accumulation des outils, outils composés, mise en mouvement d'un outil composé par un seul moteur manuel, par l'homme, mise en mouvement de ces instruments par les forces naturelles, machine, système des machines ayant un seul moteur, système des machines ayant un automate pour moteur, — voilà la marche des machines.

La concentration des instruments de production et la division du travail sont aussi inséparables l'une de l'autre que le sont, dans le régime politique, la concentration des pouvoirs publics et la division des intérêts privés. L'Angleterre, avec la concentration des terres, ces instruments du travail agricole, a également la division du travail agricole et la mécanique appliquée à l'exploitation de la terre. La France, qui a la division des instruments, le régime parcellaire, n'a en général ni division du travail agricole ni application des machines à la terre.

Pour M. Proudhon, la concentration des instruments de travail est la négation de la division du travail. Dans la réalité nous trouvons encore le contraire. A mesure que la concentration des instruments se développe, la division se développe aussi et *vice-versa*. Voilà ce qui fait que toute grande invention dans la mécanique est suivie d'une plus grande division du travail, et chaque accroissement dans la division du travail amène à son tour de nouvelles inventions mécaniques.

Nous n'avons pas besoin de rappeler que les grands progrès de la division du travail ont commencé en Angleterre après l'invention des machines. Ainsi les tisserands et les fileurs étaient pour la plupart des paysans tels qu'on en rencontre encore dans les pays arriérés. L'invention des machines a achevé de séparer l'industrie manufacturière de l'industrie agricole. Le tisserand et le fileur, réunis naguère dans une seule famille, furent séparés par la machine. Grâce à la machine, le fileur peut habiter l'Angleterre en même temps que le tisserand séjourne aux Indes orientales. Avant l'invention des machines l'industrie d'un pays s'exerçait principalement sur les matières premières, qui étaient le produit de son propre sol: ainsi en Angleterre la laine, en Allemagne le lin, en France les soies et le lin, aux Indes orientales et dans le Levant le coton, etc. Grâce à l'application de la machine et de la vapeur, la division du travail a pu prendre de telles dimensions, que la grande industrie, détachée du sol national, dépend uniquement du marché de l'univers, des échanges internationaux, d'une division de travail internationale. Enfin la machine exerce une telle influence sur la division du travail, que lorsque dans la fabrication d'un ouvrage quelconque on a trouvé le moyen d'introduire partiellement la mécanique, la fabrication se divise aussitôt en deux exploitations indépendantes l'une de l'autre.

Faut-il parler du *but providentiel* et philanthropique que M. Proudhon découvre dans l'invention et l'application primitive des machines ?

Lorsque en Angleterre le marché eut pris un tel développement que le travail manuel n'y pouvait plus suffire, on éprouva le besoin des machines. On songeait alors à faire l'application de la science mécanique, déjà toute faite au XVIIIe siècle.

L'atelier automatique marqua son début par des actes qui n'étaient rien moins que philanthropiques. Les enfants furent tenus au travail à coups de fouet ; on en faisait un objet de trafic, et on passait un contrat avec les maisons des orphelins. On abolit toutes les lois sur l'apprentissage des ouvriers, parce que, pour nous servir des phrases de M. Proudhon, on n'avait plus besoin des ouvriers *synthétiques*. Enfin depuis 1825, presque toutes les nouvelles inventions furent le résultat des collisions entre l'ouvrier et l'entrepreneur qui cherchait à tout prix à déprécier la spécialité de l'ouvrier. Après chaque nouvelle grève tant soit peu importante, surgit une nouvelle machine.L'ouvrier voyait si peu dans l'application des machines une espèce de réhabilitation, de *restauration*, comme dit M. Proudhon, qu'au xviiie siècle, il résista pendant bien longtemps à l'empire naissant de l'automate.

« Wyatt, dit le docteur Ure, avait découvert les doigts fileurs (la série des rouleaux cannelés) longtemps avant Arkwright... La principale difficulté ne consistait pas autant dans l'invention d'un mécanisme automatique... La difficulté consistait surtout dans la discipline nécessaire pour faire renoncer les hommes à leurs habitudes irrégulières dans le travail, et pour les identifier avec la régularité invariable d'un grand automate. Mais inventer et mettre en vigueur un code de discipline manufacturière, convenable aux besoins et à la célérité du système automatique, voilà une entreprise digne d'Hercule, voilà le noble ouvrage d'Arkwright. »

En somme, par l'introduction des machines la division du travail dans l'intérieur de la société s'est accrue, la tâche de l'ouvrier dans l'intérieur de l'atelier s'est simplifiée, le capital a été réuni, l'homme a été dépecé davantage.

M. Proudhon veut-il être économiste et abandonner pour un instant « l'évolution dans la série de l'entendement », alors il va puiser son érudition dans A. Smith, au temps où l'atelier automatique ne faisait que de naître. En effet, quelle différence entre la division du travail telle qu'elle existait du temps d'Adam Smith, et telle que nous la voyons dans l'atelier automatique. Pour bien la faire comprendre, il suffira de citer quelques passages de « la Philosophie des manufactures » du docteur Ure.

« Lorsque A. Smith écrivit son ouvrage immortel sur les éléments de l'économie politique, le système automatique d'industrie était encore à peine connu La division du travail lui parut avec raison le grand principe du perfectionnement en manufacture ; il démontra, dans la fabrique des épingles, qu'un ouvrier en se perfectionnant par la pratique sur un seul et même point devient plus expéditif et moins coûteux. Dans chaque branche de manufacture, il vit que d'après ce principe certaines opérations, telles que la coupe de fils de laiton en longueurs égales, deviennent d'une exécution facile ; que d'autres, telles que la façon et l'attache des têtes d'épingles, sont à proportion plus difficiles : il en conclut donc que l'on peut naturellement approprier à chacune de ces opérations un ouvrier dont le salaire corresponde à son habileté. C'est cette *appropriation* qui est l'essence de la division des travaux, Mais ce qui pouvait servir d'exemple utile du temps du docteur Smith ne serait propre aujourd'hui qu'à induire le public en erreur relativement au principe réel de l'industrie manufacturière. En effet, la distribution, ou plutôt l'adaptation des travaux aux différentes capacités individuelles, n'entre guère dans le plan d'opération des manufactures automatiques : au contraire, partout où un procédé quelconque exige beaucoup de dextérité et une main sûre, on le retire du bras de l'ouvrier trop adroit et souvent enclin à des irrégularités de plusieurs genres, pour en charger un mécanisme particulier, dont l'opération automatique est si bien réglée qu'un enfant peut la surveiller.

« Le principe du système automatique est donc de substituer l'art mécanique à la main-d'œuvre, et de remplacer la division du travail entre les artisans par l'analyse d'un procédé dans ses principes constituants. Selon le système de l'opération manuelle, la main-d'œuvre était ordinairement l'élément le plus dispendieux d'un produit quelconque ; mais, d'après le système automatique, les talents de l'artisan se trouvent progressivement suppléés par de simples surveillants de mécanique.

« La faiblesse de la nature humaine est telle que

plus l'ouvrier est habile, plus il devient volontaire et intraitable, et, par conséquent, moins il est propre à un système de mécanique à l'ensemble duquel ses boutades capricieuses peuvent faire un tort considérable. Le grand point du manufacturier actuel est donc, en combinant la science avec ses capitaux, de réduire la tâche de ses ouvriers à exercer leur vigilance et leur dextérité, facultés bien perfectionnées dans leur jeunesse, *lorsqu'on les fixe sur un seul objet.*

« D'après le système des gradations du travail, il faut faire un apprentissage de plusieurs années avant que l'œil et la main deviennent assez habiles pour exercer certains tours de force en mécanique ; mais selon le système qui décompose un procédé en le réduisant à ses principes constitutifs, et qui en soumet toutes les parties à l'opération d'une machine automatique, on peut confier ces mêmes parties élémentaires à une personne douée d'une capacité ordinaire, après l'avoir soumise à une courte épreuve ; on peut même, en cas d'urgence, la faire passer d'une machine à l'autre, à la volonté du directeur de l'établissement. De telles mutations sont en opposition ouverte avec l'ancienne routine qui divise le travail et qui assigne à un ouvrier la tâche de façonner la tête d'une épingle, et à un autre celle d'en aiguiser la pointe, travail dont l'uniformité ennuyeuse les énerve... Mais, d'après le principe d'*égalisation* ou le système automatique, les facultés de l'ouvrier ne sont soumises qu'à un exercice agréable, etc. Son emploi étant de veiller au travail d'un mécanisme bien réglé, il peut l'apprendre en peu de temps ; et lorsqu'il transfère ses services d'une machine à une autre, il varie sa tâche et développe ses idées, en réfléchissant aux combinaisons générales qui résultent de ses travaux et de ceux de ses compagnons. Ainsi cette contrainte des facultés, ce rétrécissement des idées, cet état de gêne du corps qui ont été attribués non sans raison à la division du travail, ne peuvent, dans des circonstances ordinaires, avoir lieu sous le régime d'une *égale distribution des travaux*.

« Le but constant et la tendance de tout perfectionnement dans le mécanisme est en effet de se passer entièrement du travail de l'homme ou d'en diminuer le prix, en substituant l'industrie des femmes et des enfants à celle de l'ouvrier adulte, ou le travail d'ouvriers grossiers à celui d'habiles artisans... Cette tendance à n'employer que des enfants au regard vif et aux doigts déliés, au lieu de journaliers possédant une longue expérience, démontre que le dogme scolastique de la division du travail selon les différents degrés d'habileté a enfin été répudié par nos manufacturiers éclairés. » (André Ure, *Philosophie des manufactures ou Économie industrielle*, t. Ier, chap. Ier.)

Ce qui caractérise la division du travail dans l'intérieur de la société moderne, c'est qu'elle engendre les spécialités, les espèces, et avec elles l'idiotisme du métier.

« Nous sommes frappés d'admiration, dit Lemontey, en voyant parmi les anciens le même personnage être à la fois, dans un degré éminent, philosophe, poète, orateur, historien, prêtre, administrateur, général d'armée. Nos âmes s'épouvantent à l'aspect d'un si vaste domaine. Chacun plante sa haie et s'enferme dans son enclos. J'ignore si par cette découpure le champ s'agrandit, mais je sais bien que l'homme se rapetisse. »

Ce qui caractérise la division du travail dans l'atelier automatique, c'est que le travail y a perdu tout caractère de spécialité. Mais du moment que tout développement spécial cesse, le besoin d'universalité, la tendance vers un développement intégral de l'individu commence à se faire sentir. L'atelier automatique efface les espèces et l'idiotisme du métier.

M. Proudhon, n'ayant même pas compris ce seul côté révolutionnaire de l'atelier automatique, fait un pas en arrière, et propose à l'ouvrier de faire non seulement la douzième partie d'une épingle, mais successivement toutes les douze parties. L'ouvrier arriverait ainsi à la science et à la conscience de l'épingle. Voilà ce que c'est que le travail synthétique de

M. Proudhon. Personne ne contestera que faire un mouvement en avant et un autre en arrière, c'est également faire un mouvement synthétique.

En résumé, M. Proudhon n'est pas allé au delà de l'idéal du petit bourgeois. Et pour réaliser cet idéal, il n'imagine rien de mieux que de nous ramener au compagnon, ou tout au plus au maître artisan du moyen âge. Il suffit, dit-il quelque part dans son livre, d'avoir fait une seule fois dans sa vie un chef-d'œuvre, de s'être senti une seule fois homme. N'est-ce pas là, pour la forme autant que pour le fond, le chef-d'œuvre exigé par le corps de métier du moyen âge ?

§ 3. — LA CONCURRENCE ET LE MONOPOLE

Bon côté de la concurrence.

« La concurrence est aussi essentielle au travail que la division... Elle est nécessaire à *l'avènement de l'égalité.* »

Mauvais côté de la concurrence.

« Le principe est la négation de lui-même. Son effet le plus certain est de perdre ceux qu'elle entraîne. »

Réflexion générale. { « Les *inconvénients* qui marchent à sa suite, de même que le bien qu'elle procure..., découlent logiquement les uns et les autres du principe. »

« Demander le principe d'*accommodement* qui doit dériver d'une loi supérieure à la liberté elle-même. »

VARIANTE

Problème à résoudre. { « Il ne saurait donc être ici question de détruire la concurrence, chose aussi impossible que de détruire la liberté ; il s'agit d'en trouver l'équilibre, je dirais volontiers la *police*. »

M. Proudhon commence par défendre la nécessité éternelle de la concurrence contre ceux qui la veulent remplacer par l'*émulation*.

Il n'y a pas « d'émulation sans but », et comme « l'objet de toute passion est nécessairement analogue à la passion, d'une femme pour l'amant, du pouvoir pour l'ambitieux, de l'or pour l'avare, une couronne pour le poète, l'objet de l'émulation industrielle est nécessairement le *profit*. L'émulation n'est pas autre chose que la concurrence même. »

La concurrence est l'émulation en vue du profit. L'émulation industrielle est-elle nécessairement l'émulation en vue du profit, c'est-à-dire la concurrence ? M. Proudhon le prouve en l'affirmant. Nous l'avons vu : affirmer, pour lui, c'est prouver, de même que supposer c'est nier.

Si l'*objet* immédiat de l'amant est la femme, l'objet immédiat de l'émulation industrielle est le produit et non le profit.

La concurrence n'est pas l'émulation industrielle, c'est l'émulation commerciale. De nos jours, l'émulation industrielle n'existe qu'en vue du commerce. Il y a même des phases dans la vie économique des peuples modernes où tout le monde est saisi d'une espèce de vertige pour faire du profit sans produire. Ce vertige de spéculation, qui revient périodiquement, met à nu le véritable caractère de la concurrence qui cherche à échapper à la nécessité de l'émulation industrielle.

Si vous aviez dit à un artisan du XIVe siècle qu'on allait abroger les privilèges et toute l'organisation féodale de l'industrie pour mettre à la place l'émulation industrielle, dite concurrence, il vous aurait répondu que les privilèges des diverses corporations, maîtrises, jurandes, sont la concurrence organisée.

M. Proudhon ne dit pas mieux en affirmant que « l'émulation n'est pas autre chose que la concurrence elle-même. »

« Ordonnez qu'à partir du 1er janvier 1847 le travail et le salaire soient garantis à tout le monde : aussitôt une immense relâche va succéder à la tension ardente de l'industrie. »

Au lieu d'une supposition, d'une affirmation et d'une négation, nous avons maintenant une ordonnance que M. Proudhon rend tout exprès pour prouver la nécessité de la concurrence, son éternité comme catégorie, etc.

Si l'on s'imagine qu'il ne faut que des ordonnances pour sortir de la concurrence, on n'en sortira jamais. Et si l'on pousse les choses jusqu'à proposer d'abolir la concurrence, tout en conservant le salaire, on proposera de faire un non-sens par décret royal. Mais les peuples ne procèdent pas par décret royal. Avant de faire de ces ordonnances-là, ils doivent du moins avoir changé de fond en comble leurs conditions d'existence industrielle et politique, et par conséquent toute leur manière d'être.

M. Proudhon répondra avec son assurance imperturbable, que c'est l'hypothèse « d'une transformation de notre nature sans antécédents historiques », et qu'il aurait droit « de nous *écarter* de la discussion», nous ne savons pas en vertu de quelle ordonnance.

M. Proudhon ignore que l'histoire tout entière n'est qu'une transformation continue de la nature humaine.

« Restons dans les faits. La Révolution française a été faite pour la liberté industrielle autant que pour la liberté politique ; et bien que la France, en 1789, n'eût point aperçu toutes les conséquences du principe dont elle demandait la réalisation, disons le hautement, elle ne s'est trompée ni dans ses vœux, ni dans son attente. Quiconque essayerait de le nier perdrait à mes yeux droit à la critique : je ne disputerai jamais avec un adversaire qui poserait en principe l'erreur spontanée de vingt-cinq millions d'hommes... Pourquoi donc, si la concurrence n'eût été un *principe* de l'économie sociale, un *décret de la destinée*, une *nécessité de l'âme humaine*, pourquoi, au lieu d'*abolir* corporations, maîtrises et jurandes, ne songeait-on plutôt à *réparer* le tout ? »

Ainsi, puisque les Français du xviiie siècle ont aboli corporations, maîtrises et jurandes au lieu de les modifier, les Français du xixe siècle doivent modifier la concurrence au lieu de l'abolir. Puisque la concurrence a été établie en France, au xviiie siècle, comme conséquence de besoins historiques, cette concurrence ne doit pas être détruite au xixe siècle, à cause d'autres besoins historiques. M. Proudhon, ne comprenant pas que l'établissement de la concurrence se liait au développement réel des hommes du xviiie siècle, fait de la concurrence une nécessité de l'*âme humaine*, IN PARTIBUS INFIDELIUM. Qu'aurait-il fait du grand Colbert pour le xviie siècle ?

Après la Révolution vient l'état de choses actuel. M. Proudhon y puise également des faits pour montrer l'éternité de la concurrence, en prouvant que toutes les industries dans lesquelles cette catégorie n'est pas encore assez développée, comme dans l'agriculture, sont dans un état d'infériorité, de caducité.

Dire qu'il y a des industries qui ne sont pas encore à la hauteur de la concurrence, que d'autres encore sont au-dessous du niveau de la production bourgeoise, c'est un radotage qui ne prouve nullement l'éternité de la concurrence.

Toute la logique de M. Proudhon se résume en ceci : La concurrence est un rapport social dans lequel nous développons actuellement nos forces productives. Il donne à cette vérité, non pas des développements logiques, mais des formes souvent très bien développées, en disant que la concurrence est l'émulation industrielle, le mode actuel d'être libre, la responsabilité dans le travail, la constitution de la valeur, une condition pour l'avènement de l'égalité, un principe de l'économie sociale, un décret de la destinée, une nécessité de l'âme humaine, une inspiration de la justice éternelle, la liberté dans la division, la division dans la liberté, une catégorie économique.

« La *concurrence* et l'*association* s'appuient l'une sur l'autre. Bien loin de s'exclure, elles ne sont pas même *divergentes*. Qui dit concurrence, suppose déjà *but commun*. La concurrence n'est donc pas l'*égoïsme*, et l'erreur la plus déplorable du socialisme est de l'avoir regardée comme le renversement de la société. »

Qui dit concurrence dit but commun, et cela prouve, d'un côté, que la concurrence est l'association ; de l'autre, que la concurrence n'est pas l'égoïsme. Et qui dit *égoïsme* ne dit-il pas but commun ? Chaque égoïsme s'exerce dans la société et par le fait de la société, c'est-à-dire des buts communs, des besoins communs, des moyens de production communs, etc., etc. Serait-ce par hasard pour cela que la concurrence et l'association dont parlent les socialistes ne sont pas même divergentes ?

Les socialistes savent très bien que la société actuelle est fondée sur la concurrence. Comment pourraient-ils reprocher à la concurrence de renverser la société actuelle qu'ils veulent renverser eux-mêmes ? Et comment pourraient-ils reprocher à la concurrence de renverser la société à venir, dans laquelle ils voient, au contraire, le renversement de la concurrence?

M. Proudhon dit, plus loin, que la concurrence est l'*opposé du monopole*, que, par conséquent, elle ne saurait pas être l'*opposé de l'association*.

Le féodalisme était, dès son origine, opposé à la concurrence, qui n'existait pas encore. S'ensuit-il que la concurrence n'est pas opposée au féodalisme ?

Dans le fait, *société*, *association* sont des dénominations qu'on peut donner à toutes les sociétés, à la société féodale aussi bien qu'à la société bourgeoise, qui est l'association fondée sur la concurrence. Comment donc peut-il y avoir des socialistes qui, par le seul mot d'*association*, croient pouvoir réfuter la concurrence ? Et comment M. Proudhon lui-même peut-il vouloir défendre la concurrence contre le socialisme, en désignant la concurrence sous le seul mot d'*association* ?

Tout ce que nous venons de dire fait le beau côté de la concurrence, telle que l'entend M. Proudhon. Passons maintenant au vilain côté, c'est-à-dire au côté négatif de la concurrence, à ses inconvénients, à ce qu'elle a de destructif, de subversif, de qualités malfaisantes.

Le tableau que nous en fait M. Proudhon a quelque chose de lugubre.

La concurrence engendre la misère, elle fomente la guerre civile, elle « change les zones naturelles », confond les nationalités, trouble les familles, corrompt la conscience publique, « bouleverse les notions de l'équité, de la justice », de la morale, et, ce qui est pire, elle détruit le commerce probe et libre et ne donne pas même en compensation la *valeur synthétique*, le prix fixe et honnête. Elle désenchante tout le monde, même les économistes. Elle pousse les choses jusqu'à se détruire elle-même.

D'après tout ce que M. Proudhon en dit de mal, peut-il y avoir, pour les rapports de la société bourgeoise, pour ses principes et ses illusions, un élément plus dissolvant, plus destructif que la concurrence ?

Notons bien que la concurrence devient toujours plus destructive pour les *rapports* bourgeois, à mesure qu'elle excite à une création fébrile de nouvelles forces productives, c'est-à-dire des conditions matérielles d'une société nouvelle. Sous ce rapport, du moins, le mauvais côté de la concurrence aurait son bon.

« La concurrence comme position ou phase économique considérée dans son origine est le résultat nécessaire... de la théorie de réduction des frais généraux. »

Pour M. Proudhon, la circulation du sang doit être une conséquence de la théorie de Harvey.

« Le *monopole* est le terme fatal de la concurrence, qui l'engendre par une négation incessante d'elle-même. Cette génération du monopole en est déjà la justification... Le monopole est l'opposé naturel de la concurrence... mais dès lors que la concurrence est nécessaire, elle implique l'idée du monopole, puisque le monopole est comme le siège de chaque individualité concurrente. »

Nous nous réjouissons avec M. Proudhon, qu'il puisse au moins une fois bien appliquer sa formule de thèse et d'antithèse. Tout le monde sait que le monopole moderne est engendré par la concurrence elle-même.

Quant au contenu, M. Proudhon se tient à des images poétiques. La concurrence faisait « de chaque subdivision du travail comme une souveraineté où chaque individu se posait dans sa force et dans son indépendance. » Le monopole est « le *siège* de chaque individualité concurrente ». La souveraineté vaut au moins le siège.

M. Proudhon ne parle que du monopole moderne engendré par la concurrence. Mais nous savons tous que la concurrence a été engendrée par le monopole féodal. Ainsi primitivement la concurrence a été le contraire du monopole, et non le monopole le contraire de la concurrence. Donc, le monopole moderne n'est pas une simple antithèse, c'est au contraire la vraie synthèse.

Thèse : Le monopole féodal antérieur à la concurrence.

Antithèse : La concurrence.

Synthèse : Le monopole moderne, qui est la négation du monopole féodal en tant qu'il suppose le régime de la concurrence, et qui est la négation de la concurrence en tant qu'il est monopole.

Ainsi le monopole moderne, le monopole bourgeois, est le monopole synthétique, la négation de la négation, l'unité des contraires. Il est le monopole à l'état pur, normal, rationnel. M. Proudhon est en contradiction avec sa propre philosophie, quand il fait du monopole bourgeois le monopole à l'état cru, *simpliste*, contradictoire, spasmodique. M. Rossi, que M. Proudhon cite plusieurs fois au sujet du monopole, paraît avoir mieux saisi le caractère synthétique du monopole bourgeois. Dans son *Cours d'Economie politique*, il distingue entre des monopoles artificiels et des monopoles naturels. Les monopoles féodaux, dit-il, sont artificiels, c'est-à-dire arbitraires ; les monopoles bourgeois sont naturels, c'est-à-dire rationnels.

Le monopole est une bonne chose, raisonne M. Proudhon, puisque c'est une catégorie économique, une émanation « de la raison impersonnelle de l'humanité ». La concurrence est encore une bonne chose, puisqu'elle est, elle aussi, une catégorie économique. Mais ce qui n'est pas bon, c'est la réalité du monopole et la réalité de la concurrence. Ce qui est pire encore, c'est que la concurrence et le monopole se dévorent mutuellement. Que faire ? Chercher la synthèse de ces deux pensées éternelles, l'arracher au sein de Dieu où elle est déposée de temps immémorial.

Dans la vie pratique, on trouve non seulement la concurrence, le monopole et leur antagonisme, mais aussi leur synthèse, qui n'est pas une formule, mais un mouvement. Le monopole produit la concurrence, la concurrence produit le monopole. Les monopoleurs se font de la concurrence, les concurrents deviennent monopoleurs. Si les monopoleurs restreignent la concurrence entre eux par des associations partielles, la concurrence s'accroît parmi les ouvriers ; et plus la masse des prolétaires s'accroît vis-à-vis des monopoleurs d'une nation, plus la concurrence devient effrénée entre les monopoleurs des différentes nations. La synthèse est telle, que le monopole ne peut se maintenir qu'en passant continuellement par la lutte de la concurrence.

Pour engendrer dialectiquement les *impôts* qui viennent après le *monopole*, M. Proudhon nous parle du *génie social* qui, après avoir suivi *intrépidement sa route en zigzag*, « après avoir marché d'un pas assuré, *sans repentir* et sans arrêt, *arrivé à l'angle du mono-*

pole, porte en arrière un *mélancolique* regard, et après une réflexion profonde, frappe d'impôts tous les objets de la production, et crée toute une organisation administrative, afin que *tous les emplois soient livrés au prolétariat* et *payés par les hommes du monopole.* »

Que dire de ce génie qui, étant à jeun, se promène en zigzag ? et que dire de cette promenade qui n'aurait d'autre but que de démolir les bourgeois par les impôts, tandis que les impôts servent précisément à donner aux bourgeois les moyens de se conserver comme classe dominante ?

Pour faire entrevoir seulement la manière dans laquelle M. Proudhon traite les détails économiques, il suffira de dire, que d'après lui, l'*impôt sur la consommation* aurait été établi en vue de l'égalité et pour venir en aide au prolétariat.

L'impôt sur la consommation n'a pris son véritable développement que depuis l'avènement de la bourgeoisie. Entre les mains du capital industriel, c'est-à-dire de la richesse sobre et économe qui se maintient, se reproduit, et s'agrandit par l'exploitation directe du travail, l'impôt sur la consommation était un moyen d'exploiter la richesse frivole, joyeuse, prodigue des grands seigneurs qui ne faisaient que consommer. Jacques Stuart a très bien exposé ce but primitif de l'impôt sur la consommation dans ses *Recherches sur les principes de l'Économie politique*, qu'il a publiées dix ans avant A. Smith.

« Dans la monarchie pure, dit-il, les princes semblent jaloux en quelque sorte de l'accroissement des richesses, et lèvent des impôts en conséquence sur ceux qui deviennent riches, — impôts sur la production. Dans le gouvernement constitutionnel, ils tombent principalement sur ceux qui deviennent pauvres, — impôts sur la consommation. Ainsi, les monarques mettent un impôt sur l'industrie... par exemple la capitation et la taille sont proportionnées à l'opulence supposée de ceux qui y sont assujettis. Chacun est imposé à raison du profit qu'il est censé faire. Dans les gouvernements constitutionnels, les impôts se lèvent ordinairement sur la consommation. Chacun est imposé à raison de la dépense qu'il fait. »

Quant à la *succession logique* des impôts, de la balance du commerce, du crédit — nous ferons observer seulement, que la bourgeoisie anglaise, parvenue sous Guillaume d'Orange à sa constitution politique, créa tout d'un coup un nouveau système d'impôts, le crédit public et le système des droits protecteurs, dès qu'elle fut en état de développer librement ses conditions d'existence.

Cet aperçu suffira pour donner au lecteur une juste idée des élucubrations de M. Proudhon sur la police ou l'impôt, la balance du commerce, le crédit, le communisme et la population. Nous défions la critique

la plus indulgente d'aborder ces chapitres sérieusement.

§ 4. — LA PROPRIÉTÉ OU LA RENTE

A chaque époque historique la propriété s'est développée différemment et dans une série de rapports
sociaux entièrement différents. Ainsi définir la propriété bourgeoise n'est autre chose que faire l'exposé
de tous les rapports sociaux de la production bour-
goise.

Vouloir donner une définition de la propriété,
comme d'un rapport indépendant, d'une catégorie à
part, d'une idée abstraite et éternelle, ce ne peut être
qu'une illusion de métaphysique ou de jurisprudence.

M. Proudhon, tout en ayant l'air de parler de la propriété en général, ne traite que de la *propriété foncière*, de la *rente foncière*.

« L'origine de la rente, comme propriété, est pour
ainsi dire extra-économique: elle réside dans des considérations de psychologie et de morale qui ne tiennent que de fort loin à la production des richesses. »
(T. II, p. 266.)

Ainsi, M. Proudhon se reconnaît incapable de comprendre l'origine économique de la rente et de la propriété. Il convient que cette incapacité l'oblige à
recourir à des considérations de psychologie et de

morale, lesquelles tenant en effet de fort loin à la production des richesses, tiennent pourtant de fort près à l'exiguïté de ses vues historiques. M. Proudhon affirme que l'origine de la propriété a quelque chose de *mystique* et de *mystérieux*, Or, voir du mystère dans l'origine de la propriété, c'est-à-dire transformer en mystère le rapport de la production elle-même à la distribution des instruments de production, n'est-ce pas, pour parler le langage de M. Proudhon, renoncer à toute prétention à la science économique ?

M. Proudhon se « *borne* à rappeler qu'à la septième époque de l'évolution économique — le *crédit* — la fiction ayant fait évanouir la réalité, l'activité humaine menaçant de se perdre dans le vide, il était devenu nécessaire de *rattacher plus fortement l'homme à la nature* : or la rente a été le prix de ce nouveau contrat. » (T. II, p. 266.)

L'homme aux quarante écus a pressenti un Proudhon à venir : « Monsieur le créateur, à vous permis : chacun est maître dans son monde ; mais vous ne me ferez jamais croire que celui où nous sommes soit de verre. » Dans votre monde, où le crédit était un moyen pour *se perdre dans le vide*, il est très possible que la propriété soit devenue nécessaire pour *rattacher l'homme à la nature*. Dans le monde de la population réelle, où la propriété foncière précède toujours le crédit, l'*horror vacui* de M. Proudhon ne pouvait pas exister.

L'existence de la rente une fois admise, quelle qu'en soit d'ailleurs l'origine, elle se débat contradictoirement entre le fermier et le propriétaire foncier. Quel est le dernier terme de ce débat, en d'autres mots, quelle est la quotité moyenne de la rente ? Voici ce que dit M. Proudhon :

« La théorie de Ricardo répond à cette question. Au début de la société, lorsque l'homme, nouveau sur la terre, n'avait devant lui que l'immensité des forêts, que la terre était vaste et que l'industrie commençait à naître, la rente dut être nulle. La terre, non encore façonnée par le travail, était un objet d'utilité ; ce n'était pas une valeur d'échange : elle était commune, non sociale. Peu à peu la multiplication des familles et le progrès de l'agriculture firent sentir le prix de la terre. Le travail vint donner au sol sa valeur : de là naquit la rente. Plus, avec la même quantité de services, un champ put rendre de fruits, plus il fut estimé ; aussi la tendance des propriétaires fut-elle toujours de s'attribuer la totalité des fruits du sol, moins le salaire du fermier, c'est-à-dire moins les frais de production. Ainsi la propriété vient à la suite du travail pour lui enlever tout ce qui, dans le produit, dépasse les frais réels. Le propriétaire remplissant un devoir mystique et représentant vis-à-vis du colon la communauté, le fermier n'est plus, dans les prévisions de la Providence, qu'un travailleur responsable, qui doit rendre compte à la société de tout ce qu'il recueille en sus de son salaire légitime... Par essence et destination, la rente est donc un instrument de justice distributive, l'un des mille moyens que le génie économique met en œuvre pour arriver à l'égalité. C'est un immense cadastre exécuté contradictoirement par les propriétaires et fermiers, sans collision possible, dans un intérêt supérieur, et dont le résultat définitif doit être d'égaliser la possession de la terre entre les exploiteurs du sol et les industriels... Il ne fallait pas moins que cette magie de la propriété pour arracher au colon l'excédent du produit qu'il ne peut s'empêcher de regarder comme sien et dont il se croit exclusivement l'auteur. La rente, ou pour mieux dire la propriété, a brisé l'égoïsme agricole et créé une solidarité que nulle puissance, nul partage de la terre n'aurait fait naître... A présent, l'effet moral de la propriété obtenu, reste à faire la distribution de la rente. »

Tout ce fracas de mots se réduit d'abord à ceci : Ricardo dit que l'excédent du prix des produits agricoles sur leurs frais de production, y compris le profit et l'intérêt ordinaires du capital, donne la mesure de la rente. M. Proudhon fait mieux. Il fait intervenir le propriétaire, comme un *Deus ex machina,* qui arrache au *colon* tout l'excédent de sa production sur les frais de la production. Il se sert de l'intervention du propriétaire pour expliquer la propriété, de l'intervention du rentier pour expliquer la rente. Il répond au problème en posant le même problème et en l'augmentant encore d'une syllabe.

Observons encore qu'en déterminant la rente par la différence de fécondité de la terre, M. Proudhon lui assigne une nouvelle origine, puisque la terre, avant d'être estimée d'après les différents degrés de fertilité, « n'était pas », suivant lui, « une valeur d'échange, mais était commune ». Qu'est-elle donc devenue, cette fiction de la rente qui avait pris naissance *dans la nécessité* de ramener *à la terre* l'homme qui *allait se perdre dans l'infini du vide* ?

Dégageons maintenant la doctrine de Ricardo des phrases providentielles, allégoriques et mystiques dans lesquelles M. Proudhon a eu soin de l'envelopper.

La rente, dans le sens de Ricardo, est la propriété foncière à l'état bourgeois : c'est-à-dire la propriété féodale qui a subi les conditions de la production bourgeoise.

Nous avons vu que, d'après la doctrine de Ricardo, le prix de tous les objets est finalement déterminé par les frais de production, y compris le profit industriel ; en d'autres termes, par le temps de travail employé. Dans l'industrie manufacturière, le prix du produit obtenu par le minimum de travail règle le prix de toutes les autres marchandises de la même espèce, attendu qu'on peut multiplier à l'infini les instruments de production les moins coûteux et les plus productifs, et que la libre concurrence amène nécessairement un prix de marché, c'est-à-dire un prix commun pour tous les produits de la même espèce.

Dans l'industrie agricole, au contraire, c'est le prix du produit obtenu par la plus grande quantité de travail qui règle le prix de tous les produits de la même espèce. En premier lieu, on ne peut pas, comme dans l'industrie manufacturière, multiplier à volonté les instruments de productions du même degré de productivité, c'est-à-dire les terrains du même degré de fécondité. Puis, à mesure que la population s'accroît, on en vient à exploiter des terrains d'une qualité inférieure, ou à faire sur le même terrain de nouvelles mises de capital, proportionnellement moins productives que les premières. Dans l'un et l'autre cas, on fait usage d'une plus grande quantité de travail pour obtenir un produit proportionnellement moindre. Le besoin de la population ayant rendu nécessaire ce surcroît de travail, le produit du terrain d'une exploitation plus coûteuse a son écoulement forcé tout aussi bien que celui du terrain d'une exploitation à meilleur marché. La concurrence nivelant le prix du marché, le produit du meilleur terrain sera payé tout aussi cher que celui du terrain inférieur. C'est l'excédent du prix des produits du meilleur terrain sur les frais de leur production qui constitue la rente. Si l'on avait toujours à sa disposition des terrains du même degré de fertilité ; si l'on pouvait, comme dans l'industrie manufacturière, recourir toujours à des machines moins coûteuses et plus productives, ou si les secondes mises de capital produisaient autant que les premières, alors le prix des produits agricoles serait déterminé par le prix des denrées produites par les meilleurs instruments de production, comme nous l'avons vu pour le prix des produits manufacturés. Mais aussi, dès ce moment, la rente aurait disparu.

Pour que la doctrine de Ricardo soit généralement vraie, il faut encore que les capitaux puissent être librement appliqués aux différentes branches de l'industrie ; qu'une concurrence fortement développée entre les capitalistes ait porté les profits à un taux égal ; que le fermier ne soit plus qu'un capitaliste industriel qui demande, pour l'emploi de son capital à la terre, un profit égal à celui qu'il tirerait de son capital appliqué dans une manufacture quelconque ; que l'exploitation agricole soit soumise au régime de la grande industrie ; enfin, que le propriétaire foncier lui-même ne vise plus qu'au revenu monétaire.

Il se peut que la rente n'existe pas encore, comme en Irlande, quoique le fermage y ait pris un développement extrême. La rente étant l'excédent non seulement sur le salaire, mais encore sur le profit industriel, elle ne saurait exister là où le revenu du propriétaire n'est qu'un prélèvement sur le salaire.

Or, bien loin de faire de l'exploiteur de la terre, du fermier un *simple travailleur*, et « d'arracher au colon l'excédent du produit qu'il ne peut s'empêcher de regarder comme sien », la rente met en présence du propriétaire foncier le capitaliste industriel, au lieu de l'esclave, du serf, du tributaire, du salarié.

Aussi s'est-il écoulé un grand laps de temps avant que le fermier féodal fût remplacé par le capitaliste industriel. En Allemagne par exemple, cette transformation n'a commencé que dans le dernier tiers du xviiie siècle. Il n'y a que l'Angleterre où ce rapport entre le capitaliste industriel et le propriétaire foncier ait pris tout son développement.

Tant qu'il n'y avait que le *colon* de M. Proudhon, il n'y avait pas de rente. Dès qu'il y a rente, le colon n'est pas fermier, mais l'ouvrier, le colon du fermier. Amoindrissement du travailleur, réduit au rôle de simple ouvrier, journalier, salarié, travaillant pour le capitaliste industriel ; intervention du capitaliste industriel, exploitant la terre comme toute autre fabrique ; transformation du propriétaire foncier de petit souverain en usurier vulgaire : voilà les différents rapports exprimés par la rente.

La rente, dans le sens de Ricardo, c'est l'agriculture patriarcale transformée en industrie commerciale, le capital industriel appliqué à la terre, la bourgeoisie des villes transplantée dans les campagnes. La rente, au lieu d'*attacher l'homme à la nature*, n'a fait que rattacher l'exploitation de la terre à la concurrence. Une fois constituée en rente, la propriété foncière elle-même est le *résultat de la concurrence*, puisque dès lors elle dépend de la valeur vénale des produits agricoles. Comme rente, la propriété foncière est mobilisée et devient un effet de commerce. La rente n'est possible que du moment où le développement de l'industrie des villes et l'organisation sociale qui en résulte, forcent le propriétaire foncier à ne viser qu'au profit vénal, au rapport monétaire de ses produits agricoles, à ne voir enfin dans sa propriété foncière qu'une machine à battre monnaie. La rente a si parfaitement détaché le propriéraire foncier du sol, de la nature, qu'il n'a pas seulement besoin de connaître ses terres, ainsi que cela se voit en Angleterre. Quant au fermier, au capitaliste industriel et à l'ouvrier agricole, ils ne sont pas plus attachés à la terre qu'ils exploitent, que l'entrepreneur et l'ouvrier des manufactures ne le sont au coton ou à la laine ; ils n'éprouvent de l'attachement que pour le prix de leur exploitation, pour le produit monétaire. De là les jérémiades des partis réactionnaires, qui appellent de tous leurs vœux le retour de la féodalité, de la bonne vie patriarcale, des mœurs simples et des grandes vertus de nos aïeux. L'assujettissement du sol aux lois qui régissent toutes les autres industries est et sera toujours le sujet de condoléances intéressées. Ainsi on peut dire que la rente est devenue la force motrice qui a lancé l'idylle dans le mouvement de l'histoire.

Ricardo, après avoir supposé la production bourgeoise comme nécessaire pour déterminer la rente, l'applique néanmoins à la propriété foncière de toutes les époques et de tous les pays. Ce sont là les errements de tous les économistes, qui représentent les rapports de la production bourgeoise comme des catégories éternelles.

Du but providentiel de la rente, qui est, pour M. Proudhon, la transformation du *colon* en *travailleur responsable*, il passe à la rétribution égalitaire de la rente.

La rente, ainsi que nous venons de le voir, est constituée par le *prix égal* des produits de terrains *inégaux en fertilité*, de manière qu'un hectolitre de blé qui a coûté 10 francs est vendu à 20 francs, si les frais de production s'élèvent pour un terrain de qualité inférieure, à 20 francs.

Tant que le besoin force d'acheter tous les produits agricoles apportés sur le marché, le prix du marché est déterminé par les frais du produit le plus coûteux. C'est donc cette égalisation du prix, résultant de la concurrence et non de la différente fertilité des terrains, qui constitue au propriétaire du meilleur terrain une rente de 10 francs pour chaque hectolitre que vend son fermier.

Supposons un instant que le prix du blé soit déterminé par le temps de travail nécessaire pour le produire, et aussitôt l'hectolitre de blé obtenu sur le meilleur terrain se vendra 10 francs, tandis que l'hectolitre de blé obtenu sur le terrain de qualité inférieure sera payé 20 francs. Cela admis, le prix moyen du marché sera de 15 francs tandis que, d'après la loi de la concurrence, il est de 20 francs. Si le prix moyen était de 15 francs, il n'y aurait lieu à aucune distribution, ni égalitaire, ni autre, car il n'y aurait pas de rente. La rente n'existe que par cela même que l'hectolitre de blé, qui coûte au producteur 10 francs, se vend 20 francs. M. Proudhon suppose l'égalité du prix de marché à frais de productions inégaux, pour en venir à la répartition égalitaire du produit de l'inégalité.

Nous concevons que des économistes, tels que Mill, Cherbulliez, Hilditch et autres, aient demandé que la

rente soit attribuée à l'État pour servir à l'acquitte-
ment des impôts. C'est là la franche expression de la
haine que le capitaliste industriel voue au propriétaire foncier, qui lui paraît une inutilité, une superfé-
tation dans l'ensemble de la production bourgeoise.

Mais faire d'abord payer l'hectolitre de blé 20 francs,
pour faire ensuite une distribution générale des
10 francs qu'on a prélevés en trop sur les consommateurs, cela suffit, pour que le *génie social* pour-
suive *mélancoliquement sa route en zig-zag*, et aille
se cogner la tête contre un *angle* quelconque.

La rente devient, sous la plume de M. Proudhon,
« un immense *cadastre*, exécuté contradictoirement
par les propriétaires et les fermiers... dans un intérêt supérieur, et dont le résultat définitif doit être
d'égaler la possession de la terre entre les exploiteurs
du sol et les industriels. »

Pour qu'un cadastre quelconque, formé par la
rente, soit d'une valeur pratique, il faut toujours rester dans les conditions de la société actuelle.

Or nous avons démontré que le fermage payé par
le fermier au propriétaire n'exprime un peu exactement la rente que dans les pays les plus avancés
dans l'industrie et dans le commerce. Encore ce fermage renferme-t-il souvent l'intérêt payé au propriétaire pour le capital incorporé à la terre. La situation
des terrains, le voisinage des villes, et bien d'autres

circonstances encore, influent sur le fermage et modifient la rente. Ces raisons péremptoires suffiraient pour prouver l'inexactitude d'un cadastre basé sur la rente.

D'un autre côté, la rente ne saurait être l'indice constant du degré de fertilité d'un terrain, puisque l'application moderne de la chimie vient à chaque instant changer la nature du terrain, et que les connaissances géologiques commencent précisément de nos jours à renverser toute l'ancienne estimation de la fertilité relative : ce n'est que depuis vingt ans environ qu'on a défriché de vastes terrains dans les comtés orientaux de l'Angleterre, terrains qu'on laissait incultes faute d'avoir bien apprécié les rapports entre l'humus et la composition de la couche inférieure.

Ainsi l'histoire, loin de donner dans la rente un cadastre tout formé, ne fait que changer, renverser totalement les cadastres déjà formés.

Enfin la fertilité n'est pas une qualité aussi naturelle qu'on pourrait bien le croire : elle se rattache intimement aux rapports sociaux actuels. Une terre peut être très fertile cultivée en blé, et cependant le prix de marché pourra déterminer le cultivateur à la transformer en prairie artificielle et à la rendre ainsi infertile.

M. Proudhon n'a improvisé son cadastre, qui ne

vaut même pas le cadastre ordinaire, que pour donner un corps au *but providentiellement égalitaire* de la rente.

« La rente, continue M. Proudhon, est l'intérêt payé pour un capital qui ne périt jamais, savoir la terre. Et comme ce capital n'est susceptible d'aucune augmentation quant à la matière, mais seulement d'une amélioration indéfinie quant à l'usage, il arrive que, tandis que l'intérêt et le bénéfice du prêt (*mutum*) tend à diminuer sans cesse par l'abondance des capitaux, la rente tend à augmenter toujours par le perfectionnement de l'industrie, duquel résulte l'amélioration dans l'usage de la terre... Telle est, dans son essence, la rente. » (Tome II, page 265.)

Cette fois, M. Proudhon voit dans la rente tous les symptômes de l'intérêt, à cela près qu'elle provient d'un capital d'une nature spécifique. Ce capital, c'est la terre, capital éternel, « qui n'est susceptible d'aucune augmentation quant à la matière, mais seulement d'une amélioration indéfinie quant à l'usage. » Dans la marche progressive de la civilisation, l'intérêt a une tendance continuelle vers la baisse, tandis que la rente tend continuellement vers la hausse. L'intérêt baisse à cause de l'abondance des capitaux; la rente hausse avec les perfectionnements apportés dans l'industrie, lesquels ont pour conséquence un usage toujours mieux entendu de la terre.

Telle est, dans son essence, l'opinion de M. Proudhon.

Examinons d'abord jusqu'à quel point il est juste de dire que la rente est l'intérêt d'un capital.

Pour le propriétaire foncier lui-même, la rente représente l'intérêt du capital que lui a coûté la terre, ou qu'il en tirerait s'il la vendait. Mais en achetant ou en vendant la terre, il n'achète ou ne vend que la rente. Le prix qu'il a mis pour se faire acquéreur de la rente, se règle sur le taux de l'intérêt en général et n'a rien à faire avec la nature même de la rente. L'intérêt des capitaux placé en terrains est, en général, inférieur à l'intérêt des capitaux placés dans les manufactures ou le commerce. Ainsi pour celui qui ne distingue pas l'intérêt que la terre représente au propriétaire d'avec la rente elle-même, l'intérêt de la terre capital diminue encore plus que l'intérêt des autres capitaux. Mais il ne s'agit pas du prix d'achat ou de vente de la rente, de la valeur vénale de la rente, de la rente capitalisée, il s'agit de la rente elle-même.

Le fermage peut impliquer encore, outre la rente proprement dite, l'intérêt du capital incorporé à la terre. Alors, le propriétaire reçoit cette partie du fermage non comme propriétaire, mais comme capitaliste ; ce n'est cependant pas là la rente proprement dite dont nous avons à parler.

La terre, tant qu'elle n'est pas exploitée comme moyen de production, n'est pas un capital. Les terres capitaux peuvent être augmentées tout aussi bien que tous les autres instruments de production. On n'y ajoute rien à la matière, pour parler le langage de M. Proudhon, mais on multiplie les terres qui servent d'instrument de production. Rien qu'à appliquer à des terres, déjà transformées en moyen de production, de secondes mises de capital, on augmente la terre capital sans rien ajouter à la terre matière, c'est-à-dire à l'étendue de la terre. La terre matière de M. Proudhon, c'est la terre comme borne. Quant à l'éternité qu'il attribue à la terre, nous voulons bien qu'elle ait cette vertu comme matière. La terre capital n'est pas plus éternelle que tout autre capital.

L'or et l'argent, qui donnent l'intérêt, sont aussi durables et éternels que la terre. Si le prix de l'or et de l'argent baisse tandis que celui de la terre va haussant, cela ne vient certes pas de sa nature plus ou moins éternelle.

La terre capital est un capital fixe, mais le capital fixe s'use aussi bien que les capitaux circulants. Les améliorations apportées à la terre ont besoin de reproduction et d'entretien ; elles ne durent qu'un temps et elles ont cela de commun avec toutes les autres améliorations dont on se sert pour transformer la matière en moyen de production. Si la terre capital était éternelle, certains terrains présenteraient un tout autre aspect qu'ils n'ont aujourd'hui, et nous verrions la Campagne de Rome, la Sicile, la Palestine, dans tout l'éclat de leur ancienne prospérité.

Il y a même des cas où la terre capital pourrait disparaître, alors même que les améliorations resteraient incorporées à la terre.

D'abord, cela arrive toutes les fois que la rente proprement dite s'anéantit par la concurrence de nouveaux terrains plus fertiles ; ensuite, les améliorations qui pouvaient avoir une valeur à une certaine époque, cessent d'en avoir du moment qu'elles sont devenues universelles par le développement de l'agronomie.

Le représentant de la terre capital, ce n'est pas le propriétaire foncier, mais le fermier. Le revenu que la terre donne comme capital, c'est l'intérêt et le profit industriel et non la rente. Il y a des terres qui rapportent cet intérêt et ce profit et qui ne rapportent point de rente.

En résumé, la terre, en tant qu'elle donne un intérêt, est la terre capital, et, comme terre capital, elle ne donne pas une rente, elle ne constitue pas la propriété foncière. La rente résulte des rapports sociaux dans lesquels l'exploitation se fait. Elle ne saurait pas résulter de la nature plus ou moins dure, plus ou moins durable de la terre. La rente provient de la société et non pas du sol.

D'après M. Proudhon, « l'amélioration dans l'usage de la terre », — conséquence « du perfectionnement de l'industrie », — est cause de la hausse continuelle de la rente. Cette amélioration la fait au contraire baisser périodiquement.

En quoi consiste, en général, toute amélioration, soit dans l'agriculture, soit dans la manufacture ? C'est à produire plus avec le même travail, c'est à produire autant, ou même plus avec moins de travail. Grâce à ces améliorations, le fermier est dispensé d'employer une plus grande quantité de travail pour un produit proportionnellement moindre. Il n'a pas besoin alors de recourir à des terrains inférieurs, et des portions du capital appliquées successivement au même terrain restent également productives. Donc ces améliorations loin de faire hausser continuellement la rente, comme le dit M. Proudhon, sont, au contraire, autant d'obstacles temporaires qui s'opposent à sa hausse.

Les propriétaires anglais du xviie siècle sentaient si bien cette vérité, qu'ils s'opposèrent aux progrès de l'agriculture, de crainte de voir diminuer leurs revenus. (*Voir* Petty, économiste anglais du temps de Charles II.)

§ 5. — LES GRÈVES ET LES COALITIONS
DES OUVRIERS

« Tout mouvement de hausse dans les salaires ne peut avoir d'autre effet que celui d'une hausse sur le blé, le vin, etc., c'est-à-dire l'effet d'une disette. Car qu'est-ce que le salaire ? C'est le prix de revient du blé, etc. ; c'est le prix intégral de toute chose. Allons plus loin encore : le salaire est la proportionnalité des éléments qui composent la richesse et qui sont consommés reproductivement chaque jour par la masse des travailleurs. Or, doubler les salaires..., c'est attribuer à chacun des producteurs une part plus grande que son produit, ce qui est contradictoire ; et si la hausse ne porte que sur un petit nombre d'industries, c'est provoquer une perturbation générale dans les échanges, en un mot, une *disette...* Il est impossible, je le déclare, que les grèves suivies d'augmentation de salaires n'aboutissent à un *renchérissement général* : cela est aussi certain que deux et deux font quatre. » (Proudhon, T. Ier, p. 110 et 111.)

Nous nions toutes ces assertions, excepté que deux et deux font quatre.

D'abord il n'y a pas de *renchérissement général*. Si le prix de toute chose double en même temps que le salaire, il n'y a pas de changement dans les prix, il n'y a de changement que dans les termes.

Ensuite, une hausse générale des salaires ne peut jamais produire un renchérissement plus ou moins général des marchandises. Effectivement, si toutes les industries employaient le même nombre d'ouvriers en rapport avec le capital fixe ou avec les instruments dont elles se servent, une hausse générale des salaires produirait une baisse générale des profits et le prix courant des marchandises ne subirait aucune altération.

Mais comme le rapport du travail manuel au capital fixe n'est pas le même dans les différentes industries, toutes les industries qui emploient relative·ment une plus grande masse de capital fixe et moins d'ouvriers, seront forcées tôt ou tard de baisser le prix de leurs marchandises. Dans le cas contraire où le prix de leurs marchandises ne baisse pas, leur profit s'élèvera au-dessus du taux commun des profits. Les machines ne sont pas des salariés. Donc la hausse générale des salaires atteindra moins les industries qui emploient comparativement aux autres plus de machines que d'ouvriers. Mais la concurrence tendant toujours à niveler le taux des profits, ceux qui s'élèvent au-dessus du taux ordinaire, ne sauraient être que passagers. Ainsi, à part quelques oscillations, une hausse générale des salaires amènera au lieu d'un renchérissement général, comme le dit M. Proudhon, une baisse partielle, c'est-à-dire une baisse dans le prix courant des marchandises qui se fabriquent principalement à l'aide des machines.

La hausse et la baisse du profit et des salaires n'expriment que la proportion dans laquelle les capitalistes et les travailleurs participent au produit d'une journée de travail, sans influer dans la plupart des cas sur le prix du produit. Mais que « les grèves suivies d'augmentation de salaires aboutissent à un renchérissement général, à une disette même, » — ce sont là de ces idées qui ne peuvent éclore que dans le cerveau d'un poète incompris.

En Angleterre, les grèves ont régulièrement donné lieu à l'invention et à l'application de quelques machines nouvelles. Les machines étaient, on peut le dire, l'arme qu'employaient les capitalistes, pour abattre le travail spécial en révolte. Le *self-acting mule*, la plus grande invention de l'industrie moderne, mit hors de combat les fileurs révoltés. Quand les coalitions et les grèves n'auraient d'autre effet que de faire réagir contre elles les efforts du génie mécanique, toujours exerceraient-elles une influence immense sur le développement de l'industrie.

« Je trouve, continue M. Proudhon, dans un article publié par M. Léon Faucher... septembre 1845, que depuis quelque temps les ouvriers anglais ont

perdu l'habitude des *coalitions*, ce qui est assuré-
ment un progrès, dont on ne peut que les féliciter :
mais que cette amélioration dans le moral des ouviers
vient surtout de leur instruction économique. Ce
n'est point des manufacturiers, s'écriait au meeting
de Bolton, un ouvrier fileur, que les salaires dépendent. Dans les époques de dépression les maîtres ne
sont pour ainsi dire que le fouet dont s'arme la
nécessité, et qu'ils le veuillent ou non, il faut qu'ils
frappent. Le principe régulateur est le rapport de
l'offre avec la demande; et les maîtres n'ont pas ce
pouvoir... A la bonne heure, s'écrie M. Proudhon,
voilà des ouvriers bien dressés, des ouvriers modèles,
etc., etc., etc. Cette misère manquait à l'Angleterre:
elle ne passera pas le détroit. » (Proudhon, t. Ier,
pp. 261 et 262.)

De toutes les villes de l'Angleterre, Bolton est
celle où le radicalisme est le plus développé. Les
ouvriers de Bolton sont connus pour être on ne peut
plus révolutionnaires. Lors de la grande agitation,
qui eut lieu en Angleterre pour l'abolition des lois
céréales, les fabricants anglais ne crurent pouvoir
faire face aux propriétaires fonciers qu'en mettant en
avant les ouvriers. Mais comme les intérêts des ouvriers n'étaient pas moins opposés à ceux des fabricants, que les intérêts des fabricants ne l'étaient à
ceux des propriétaires fonciers, il était naturel que

les fabricants dussent avoir le dessous dans les meetings des ouvriers. Que firent les fabricants ? Pour sauver les apparences, ils organisèrent des meetings composés en grande partie des contre-maîtres, du petit nombre d'ouvriers qui leur étaient dévoués et des *amis du commerce* proprement dits. Quand ensuite les véritables ouvriers essayèrent, comme à Bolton et à Manchester, d'y prendre part pour protester contre ces démonstrations factices, on leur défendit l'entrée, en disant que c'était un *ticket-meeting*. On entend par ce mot des meetings où l'on n'admet que des personnes munies de cartes d'entrée. Cependant les affiches, placardées sur les murs, avaient annoncé des meetings publics. Toutes les fois qu'il y avait de ces meetings les journaux des fabricants rendaient un compte pompeux et détaillé des discours qu'on y avait prononcés. Il va sans dire, que c'étaient les contre-maîtres qui prononçaient ces discours. Les feuilles de Londres les reproduisaient littéralement. M. Proudhon a le malheur de prendre les contremaîtres pour des ouvriers ordinaires et leur enjoint l'ordre de ne pas passer le détroit.

Si en 1844 et en 1845 les grèves frappaient moins les regards qu'auparavant, c'est que 1844 et 1845 étaient les deux premières années de prospérité qu'il y eût pour l'industrie anglaise depuis 1837. Néanmoins, aucune des *trades-unions* n'avait été dissoute.

Entendons maintenant les contre-maîtres de Bolton. Selon eux les fabricants ne sont pas les maîtres du salaire, parce qu'ils ne sont pas les maîtres du prix du produit, et ils ne sont pas les maîtres du prix du produit, parce qu'ils ne sont pas les maîtres du marché de l'univers. Par cette raison ils donnaient à entendre qu'il ne fallait pas faire des coalitions pour arracher aux maîtres une augmentation de salaires. M. Proudhon, au contraire, leur interdit les coalitions de crainte qu'une coalition ne soit suivie d'une hausse de salaires, qui entraînerait une disette générale. Nous n'avons pas besoin de dire que sur un seul point il y a entente cordiale entre les contre-maîtres et M. Proudhon : c'est qu'une hausse de salaires équivaut à une hausse dans le prix des produits.

Mais la crainte d'une disette, est-ce là la véritable cause de la rancune de M. Proudhon? Non. Il en veut tout bonnement aux contres-maîtres de Bolton, parce qu'ils déterminent la valeur par *l'offre et la demande* et qu'ils ne se soucient guère de la *valeur constituée*, de la valeur passée à l'état de constitution, de la constitution de la valeur, y compris l'*échangeabilité permanente* et toutes les autres *proportionnalités de rapports* et *rapports de proportionnalité*, flanqués de la Providence.

« La grève des ouvriers est *illégale*, et ce n'est pas seulement le Code pénal qui dit cela, c'est le système économique, c'est la nécessité de l'ordre établi. Que chaque ouvrier individuellement ait la libre disposition de sa personne et de ses bras, cela peut se tolérer : mais que les ouvriers entreprennent par des coalitions de faire violence au monopole, c'est ce que la société ne peut permettre. » Tome Ier, p. 237 et 235.

M. Proudhon prétend faire passer un article du Code pénal pour un résultat nécessaire et général des rapports de la production bourgeoise.

En Angleterre les coalitions sont autorisées par un acte de Parlement et c'est le système économique qui a forcé le Parlement à donner cette autorisation de par la loi. En 1825, lorsque sous le ministre Huskisson le Parlement dut modifier la législation, pour la mettre de plus en plus d'accord avec un état de choses résultant de la libre concurrence, il lui fallut nécessairement abolir toutes les lois qui interdisaient les coalitions des ouvriers. Plus l'industrie moderne et la concurrence se développent, plus il y a des éléments qui provoquent et secondent les coalitions, et aussitôt que les coalitions sont devenues un fait économique, prenant de jour en jour plus de consistance, elles ne peuvent pas tarder à devenir un fait légal.

Ainsi l'article du Code pénal prouve tout au plus que l'industrie moderne et la concurrence n'étaient pas encore bien développées sous l'Assemblée constituante et sous l'Empire.

Les économistes et les socialistes sont d'accord sur un seul point : c'est de condamner les *coalitions*. Seulement ils motivent différemment leur acte de condamnation.

Les économistes disent aux ouvriers : Ne vous coalisez pas. En vous coalisant, vous entravez la marche régulière de l'industrie, vous empêchez les fabricants de satisfaire aux commandes, vous troublez le commerce et vous précipitez l'envahissement des machines qui, en rendant votre travail en partie inutile, vous forcent d'accepter un salaire encore abaissé. D'ailleurs vous avez beau faire, votre salaire sera toujours déterminé par le rapport des bras demandés avec les bras offerts et c'est un effort aussi ridicule que dangereux, que de vous mettre en révolte contre les lois éternelles de l'économie politique.

Les socialistes disent aux ouvriers : Ne vous coalisez pas, car au bout du compte, qu'est-ce que vous y gagneriez ? Une hausse de salaires ? Les économistes vous prouveront jusqu'à l'évidence, que les quelques sous que vous pourriez y gagner, en cas de réussite, pour quelques moments, seront suivis d'une baisse pour toujours. D'habiles calculateurs vous prouveront qu'il vous faudrait des années pour vous rattraper seulement sur l'augmentation des salaires, des frais qu'il vous a fallu faire pour organiser et entretenir les coalitions.

Et nous, nous vous dirons, en notre qualité de socialiste, qu'à part cette question d'argent, vous n'en serez pas moins les ouvriers, et les maîtres seront toujours les maîtres, après comme avant. Ainsi pas de coalitions, pas de politique, car faire des coalitions, n'est-ce pas faire de la politique ?

Les économistes veulent que les ouvriers restent dans la société telle qu'elle est formée et telle qu'ils l'ont consignée et scellée dans leurs manuels.

Les socialistes veulent que les ouvriers laissent là la société ancienne, pour pouvoir mieux entrer dans la société nouvelle qu'ils leur ont préparée avec tant de prévoyance.

Malgré les uns et les autres, malgré les manuels et les utopies, les coalitions n'ont pas cessé un instant de marcher et de grandir avec le développemment et l'agrandissement de l'industrie moderne. C'est à tel point maintenant, que le degré où est arrivé la coalition dans un pays, marque nettement le degré qu'il occupe dans la hiérarchie du marché de l'univers. L'Angleterre, où l'industrie a atteint le plus haut degré de développement, a les coalitions les plus vastes et les mieux organisées.

En Angleterre on ne s'en est pas tenu à des coalitions partielles, qui n'avaient pas d'autre but qu'une grève passagère, et qui disparaissaient avec elle. On a formé des coalitions permanentes, des *trades-unions* qui servent de rempart aux ouvriers dans leurs luttes avec les entrepreneurs. Et à l'heure qu'il est, toutes ces *trades-unions* locales trouvent un point d'union dans la *National Association of United Trades*, dont le comité central est à Londres, et qui compte déjà 80.000 membres. La formation de ces grèves, coalitions, *trades-unions* marcha simultanément avec les luttes politiques des ouvriers qui constituent maintenant un grand parti politique sous le nom de *Chartistes*.

C'est sous la forme des coalitions qu'ont toujours lieu les premiers essais des travailleurs pour *s'associer* entre eux.

La grande industrie agglomère dans un seul endroit une foule de gens inconnus les uns aux autres. La concurrence les divise d'intérêts. Mais le maintien du salaire, cet intérêt commun qu'ils ont contre leur maître, les réunit dans une même pensée de résistance — *coalition*. Ainsi la coalition a toujours un double but, celui de faire cesser entre eux la concurrence, pour pouvoir faire une concurrence générale au capitaliste. Si le premier but de résistance n'a été que le maintien des salaires, à mesure que les capitalistes à leur tour se réunissent dans une pensée de répression, les coalitions, d'abord isolées, se forment en groupes, et en face du capital toujours réuni, le maintien de l'association devient plus nécessaire pour eux que celui du salaire. Cela est tellement vrai, que les économistes anglais sont tout étonnés de voir les ouvriers sacrifier une bonne partie du salaire en faveur des associations qui, aux yeux de ces économistes, ne sont établies qu'en faveur du salaire. Dans cette lutte — véritable guerre civile — se réunissent et se développent tous les éléments nécessaires à une bataille à venir. Une fois arrivée à ce point là, l'association prend un caractère politique.

Les conditions écomoniques avaient d'abord transformé la masse du pays en travailleurs. La domination du capital a créé à cette masse une situation commune, des intérêts communs. Ainsi cette masse est déjà une classe vis-à-vis du capital, mais pas encore pour elle-même. Dans la lutte, dont nous n'avons signalé que quelques phases, cette masse se réunit, elle se constitue en classe pour elle-même. Les intérêts qu'elle défend deviennent des intérêts de classe. Mais la lutte de classe à classe est une lutte politique.

Dans la bourgeoisie, nous avons deux phases à distinguer : celle pendant laquelle elle se constitua en classe sous le régime de la féodalité et de la monarchie absolue, et celle où, déjà constituée en classe, elle renversa la féodalité et la monarchie, pour faire de la société une société bourgeoise. La première de ces phases fut la plus longue et nécessita les plus grands efforts. Elle aussi avait commencé par des coalitions partielles contre les seigneurs féodaux.

On a fait bien des recherches pour retracer les différentes phases historiques que la bourgeoisie a parcourues, depuis la commune jusqu'à sa constitution comme classe.

Mais quand il s'agit de se rendre un compte exact des grèves, des coalitions et des autres formes dans lesquelles les prolétaires effectuent devant nos yeux leur organisation comme classe, les uns sont saisis d'une crainte réelle, les autres affichent un dédain *transcendental*.

Une classe opprimée est la condition vitale de toute société fondée sur l'antagonisme des classes. L'affranchissement de la classe opprimée implique donc nécessairement la création d'une société nouvelle. Pour que la classe opprimée puisse s'affranchir, il faut que les pouvoirs productifs déjà acquis et les rapports sociaux existants ne puissent plus exister les uns à côté des autres. De tous les instruments de production, le plus grand pouvoir productif c'est la classe révolutionnaire elle-même. L'organisation des éléments révolutionnaires comme classe suppose l'existence de toutes les forces productives qui pouvaient s'engendrer dans le sein de la société ancienne.

Est-ce à dire qu'après la chute de l'ancienne société il y aura une nouvelle domination de classe, se résumant dans un nouveau pouvoir politique ? Non,

La condition d'affranchissement de la classe laborieuse c'est l'abolition de toute classe, de même que la condition d'affranchissement du tiers état, de l'ordre bourgeois, fut l'abolition de tous les états et de tous les ordres.

La classe laborieuse substituera, dans le cours de son développement, à l'ancienne société civile une association qui exclura les classes et leur antagonisme, et il n'y aura plus de pouvoir politique proprement dit, puisque le pouvoir politique est précisément le résumé officiel de l'antagonisme dans la société civile.

En attendant, l'antagonisme entre le prolétariat et la bourgeoisie est une lutte de classe à classe, lutte qui, portée à sa plus haute expression, est une révolution totale. D'ailleurs, faut-il s'étonner qu'une société, fondée sur l'*opposition* des classes, aboutisse à la *contradiction* brutale, à un choc de corps à corps comme dernier dénouement ?

Ne dites pas que le mouvement social exclut le mouvement politique. Il n'y a jamais de mouvement politique qui ne soit social en même temps.

Ce n'est que dans un ordre de choses, où il n'y aura plus de classes et d'antagonisme de classes, que les *évolutions sociales* cesseront d'être des *révolutions politiques*. Jusque-là, à la veille de chaque remaniement général de la société, le dernier mot de la science sociale sera toujours :

« Le combat ou la mort : la lutte sanguinaire ou le néant. C'est ainsi que la question est invinciblement posée.

George **SAND** »

FIN

APPENDICE I

PROUDHON

JUGÉ PAR

KARL MARX [1]

———

Londres, le 24 janvier 1865.

Monsieur,

Vous me demandez une critique détaillée des travaux de Proudhon. Je regrette que le temps me manque pour répondre à votre désir. Et puis je n'ai sous la main aucun de ses écrits. Cependant, pour faire preuve de bonne volonté, je vous envoie, à la hâte, ces quelques notes.

Je ne me souviens pas des premiers essais de Proudhon. Son œuvre d'écolier sur *la langue univer-*

1. Extrait du *Soʒial-Demokrat*, numéros des 16, 17 et 18 janvier 1865.

selle témoigne du sans-gêne avec lequel il s'attaqua à des problèmes pour la solution desquels les connaissances les plus élémentaires lui faisaient défaut.

La première œuvre : *Qu'est-ce que la Propriété ?* est de beaucoup sa meilleure. Elle fait époque, si ce n'est par la nouveauté de ce qu'il dit, du moins par la manière neuve et hardie de tout dire. Les socialistes français dont il connaissait les écrits, avaient naturellement non seulement critiqué de divers points de vue la *propriété*, mais encore l'avaient utopiquement supprimée. Dans son livre, Proudhon est à Saint-Simon et à Fourier à peu près ce que Feuerbach est à Hegel. Comparé à Hegel, Feuerbach est bien pauvre. Pourtant, *après* Hegel, il fit époque, parce qu'il accentuait des points désagréables pour la conscience chrétienne et importants pour le progrès de la critique philosophique, mais laissés par Hegel dans un clair-obscur mystique.

Le style de cet écrit de Proudhon est encore, si je puis dire, fortement musclé, et c'est le style qui, à mon avis, en fait le grand mérite. On voit que lors même qu'il reproduit, Proudhon découvre, que ce qu'il dit est neuf pour lui et qu'il le sert pour tel.

L'audace provocante avec laquelle il porte la main sur le *sanctuaire* économique, les paradoxes spirituels avec lesquels il se moque du plat sens commun bourgeois, sa critique corrosive, son amère ironie, avec çà et là un sentiment de révolte profond et vrai contre les infamies de l'ordre des choses établi, son esprit révolutionnaire, voilà ce qui électrisa les lecteurs de *Qu'est-ce que la propriété?* et imprima une puissante impulsion dès l'apparition du livre. Dans une histoire rigoureusement scientifique de l'économie politique, cet écrit mériterait à peine une mention. Mais ces livres sensationnels jouent un rôle dans les sciences tout aussi bien que dans la littérature. Prenez, par exemple, l'*Essai sur la population de Malthus.* La première édition est tout bonnement un pamphlet « sensationnel » et, par-dessus le marché, un plagiat d'un bout à l'autre. Et pourtant quelle impulsion cette pasquinade n'a-t-elle pas donnée au *genre humain !*

Si j'avais sous les yeux le livre de Proudhon, il me serait facile par quelques exemples de montrer sa première manière. Dans les chapitres que lui-même considérait les meilleurs, il imite la méthode antinomique de Kant, le seul philosophe allemand qu'il connaissait alors par des traductions, et il laisse une forte impression que pour lui, comme pour Kant, les antinomies ne se résolvent qu' « au delà » de l'entendement humain, c'est-à-dire que son entendement à lui est incapable de les résoudre.

Mais en dépit de ses allures d'iconoclaste, déjà

dans ce premier ouvrage, on trouve cette contradiction que Proudhon, d'un côté, fait le procès à la
société du point de vue et avec les yeux du petit pay-
san (plus tard du petit bourgeois) français, et de l'autre côté, lui applique l'étalon que lui ont transmis les
socialistes.

D'ailleurs le titre même du livre en indiquait l'in-
suffisance. La question était trop mal posée pour
qu'on y répondît correctement. La propriété gréco-
romaine avait été remplacée par la propriété féodale,
celle-ci par la propriété bourgeoise. L'histoire elle-
même s'était chargée de la sorte de la critique des
rapports de propriété du passé. Ce qu'il s'agissait
pour Proudhon de traiter, c'étaient les rapports de la
propriété moderne bourgeoise. A la demande quels
étaient ces rapports, on ne pouvait répondre que par
une analyse critique de l'*économie politique*, embras-
sant l'ensemble de ces rapports de propriété, non
pas dans leur expression juridique de rapports de
volonté, mais dans leur forme réelle de rapports de
la production matérielle. Comme Proudhon subor-
donne l'ensemble de ces rapports économiques à la
notion juridique de la propriété, il ne pouvait aller au
delà de la réponse donnée déjà par Brissot avant 1789
dans les mêmes termes : « La Propriété c'est le
vol. » (1).

1. Brissot de Warville, *Recherches sur le droit de pro-*

La conclusion que l'on peut tirer de tout ceci, c'est que les notions juridiques du bourgeois sur le *vol* s'appliquent tout aussi bien à ses profits *honnêtes*. D'un autre côté, comme le *vol*, en tant que violation de la propriété, *présuppose la propriété*, Proudhon s'embrouille dans toutes sortes de notions confuses et fantasques sur la *vraie* propriété bourgeoise.

Pendant mon séjour à Paris, en 1844, j'entrai en relations personnelles avec Proudhon. Je rappelle cette circonstance parce que jusqu'à un certain point je suis responsable de sa « sophistication », mot qu'emploient les Anglais pour désigner la falsification d'une marchandise. Dans de longues discussions, souvent prolongées toute la nuit, je l'infectais de hégélianisme — à son grand préjudice, puisque ne sachant pas l'allemand, il ne pouvait pas étudier la chose à fond. Ce que j'avais commencé, M. Karl Grün, après mon expulsion de France, le continua. Et encore ce professeur de philosophie allemande avait sur moi cet avantage de ne rien entendre à ce qu'il enseignait.

Peu de temps avant la publication de son second ouvrage important : la *Philosophie de la Misère*, etc., Proudhon me l'annonça dans une lettre très détaillée, où entre autres choses se trouvent ces paroles : « J'attends votre férule critique. » Mais bientôt celle-ci

priété et sur le vol, etc., Berlin 1782. (Dans le VI⁰ vol. de la *Bibliothèque philosophique du législateur*, par Brissot de Warville).

tomba sur lui (dans ma *Misère de la Philosophie*, etc., Paris, 1847) de façon à briser à tout jamais notre amitié.

De ce qui précède, vous pouvez voir que la *Philosophie de la misère ou système des contradictions économiques* devait, enfin, donner la réponse à la question : *Qu'est-ce que la propriété* ? En effet, Proudhon n'avait commencé ses études économiques qu'après la publication de ce premier livre ; il avait découvert que, pour résoudre la question posée par lui, il fallait répondre non par des invectives, mais par une analyse de l'économie politique moderne. En même temps, il essaya d'établir le *système* des *catégories* économiques au moyen de la dialectique. La *contradiction* hégélienne devait remplacer l'insoluble *antinomie* de Kant, comme moyen de développement.

Pour la critique de ces deux gros volumes je dois vous renvoyer à ma réplique. J'y ai montré, entre autres, combien peu Proudhon avait pénétré le mystère de la dialectique scientifique, combien, d'autre part, il partage les illusions de la philosophie « spéculative » : *au lieu de considérer les catégories économiques comme des expressions théoriques de rapports de production historiques correspondant à un degré déterminé du développement de la production matérielle,* son imagination les transforme en *idées éternelles*, préexistantes à toute réalité, et de cette manière, par un détour, il se retrouve à son point de départ, le point de vue de l'économie bourgeoise (1).

Puis je montre combien défectueuse et rudimentaire est sa connaissance de l'*économie politique*, dont il entreprenait cependant la critique, et comment avec les utopistes il se met à la recherche d'une prétendue « science », qui doit lui fournir une formule toute prête pour la « solution de la question sociale », au lieu de puiser la science dans la connaissance critique du mouvement historique, mouvement qui doit lui-même produire les conditions matérielles de l'émancipation sociale. Ce que je démontre surtout, c'est que Proudhon n'a que des idées imparfaites, confuses et fausses sur la base de toute économie politique, la valeur échangeable, circonstance qui l'amène à voir les fondements d'une nouvelle science dans une interprétation utopique de la théorie de la valeur de Ricardo. Enfin je résume mon jugement général sur son point de vue en ces mots :

1. « En disant que les rapports actuels, — les rapports de la production bourgeoise, — sont naturels, les économistes font entendre que ce sont des rapports dans lesquels se crée la richesse et se développent les forces productives conformément aux lois naturelles indépendantes de l'influence du temps. Ce sont des lois éternelles qui doivent toujours régir la société. Ainsi il y a eu de l'histoire, mais il n'y en a plus. » — (*Misère de la philosophie.*)

« Chaque rapport économique a un bon et un mauvais côté : c'est le seul point sur lequel M. Proudhon ne se dément pas. Le bon côté, il le voit exposé par les économistes ; le mauvais côté, il le voit dénoncé par les socialistes. Il emprunte aux économistes la nécessité des rapports éternels, il emprunte aux socialistes l'illusion de ne voir dans la misère que la misère. Il est d'accord avec les uns et les autres en voulant s'en référer à l'autorité de la science. La science, pour lui, se réduit aux minces proportions d'une formule scientifique ; il est l'homme à la recherche des formules. C'est ainsi que M. Proudhon se flatte d'avoir donné la critique et de l'économie politique et du communisme : il est au-dessous de l'une et de l'autre. Au-dessous des économistes, puis que comme philosophe, qui a sous la main une formule magique, il a cru pouvoir se dispenser d'entrer dans les détails purement économiques ; au-dessous des socialistes, puisqu'il n'a ni assez de courage, ni assez de lumières pour s'élever, ne serait-ce que spéculativement, au-dessus de l'horizon bourgeois.

« ...Il veut planer en homme de science au-dessus des bourgeois, et des prolétaires ; il n'est que le petit bourgeois, ballotté constamment entre le capital et le travail, entre l'économie politique et le communisme ».

Quelque dur que paraisse ce jugement, je suis

obligé de le maintenir encore aujourd'hui, mot pour mot. Mais il importe de ne pas oublier qu'au moment où je déclarai et prouvai théoriquement que le livre de Proudhon n'était que le Code du socialisme petit bourgeois, ce même Proudhon fut anathématisé comme archi-révolutionnaire à la fois par les économistes et les socialistes d'alors. C'est pourquoi plus tard je n'ai jamais mêlé ma voix à ceux qui jetaient les hauts cris sur sa « trahison » de la révolution. Ce n'était pas sa faute si, mal compris tout d'abord par d'autres comme par lui-même, il n'a pas répondu à des espérances que rien ne justifiait.

La *Philosophie de la Misère*, mise en regard de *Qu'est-ce que la Propriété?* fait ressortir très défavorablement tous les défauts de la manière d'exposer de Proudhon. Le style est souvent ce que les Français appellent ampoulé. Un galimatias prétentieux et « spéculatif », qui se donne pour de la philosophie allemande, se rencontre partout où la perspicacité gauloise fait défaut. Ce qu'il vous corne aux oreilles, sur un ton de saltimbanque et de fanfaron, ce sont ses propres louanges, un ennuyeux radotage et d'éternelles rodomontades sur sa prétendue *science*. A la place de la chaleur vraie et naturelle qui éclaire son premier livre, ici en maint endroit Proudhon déclame systématiquement, et s'échauffe à froid. Ajoutez à cela le gauche et désagréable pédantisme de l'autodidacte qui fait l'érudit, de l'ex-ouvrier qui a perdu sa fierté de se savoir penseur indépendant et original, et qui maintenant, en parvenu de la science, croit devoir se pavaner et se vanter de ce qu'il n'est pas et de ce qu'il n'a pas. Puis ses sentiments de petit épicier qui le poussent à attaquer d'une manière inconvenante et brutale, mais qui n'est ni pénétrante, ni profonde, ni même juste, un homme tel que Cabet, toujours respectable à cause de son rôle politique au milieu du prolétariat, tandis qu'il fait l'aimable avec un Dunoyer (conseiller d'État, il est vrai) qui n'a de l'importance que pour avoir prêché avec un sérieux comique, tout le long de trois gros volumes insupportablement ennuyeux, un rigorisme ainsi caractérisé par Helvetius : « On veut que les malheureux soient parfaits. »

De fait la révolution de février survint fort mal à propos pour Proudhon qui, peu de semaines auparavant, venait précisément de prouver de façon irréfutable que « l'ère des révolutions » était passée à jamais. Cependant son attitude dans l'Assemblée nationale ne mérite que des éloges, bien qu'elle prouve son peu d'intelligence de la situation. Après l'insurrection de juin cette attitude était un acte de grand courage. Elle eut de plus cette conséquence heureuse que M. Thiers, dans sa réponse aux propositions de Proudhon, publiée par la suite sous forme de livre, dévoila le piètre piédestal d'enfant sur lequel se dressait ce pilier intellectuel de la bourgeoisie française. Opposé à Thiers, Proudhon prit en effet les proportions d'un colosse antédiluvien.

Les derniers faits et gestes économiques de Proudhon furent sa découverte du « Crédit gratuit » et de la « Banque du Peuple » qui devait le réaliser. Dans mon écrit *Zur Kritik der politischen Œkonomie* (Critique de l'économie politique) Berlin, 1859 (p. 59-64), on trouve la preuve que ces idées proudhoniennes sont fondées sur une complète ignorance des premiers éléments de l'économie politique bourgeoise : le rapport entre la marchandise et l'argent; tandis que leur réalisation pratique n'était que la reproduction de projets bien antérieurs et bien mieux élaborés. Il n'est pas douteux, il est même de toute évidence que le développement du crédit qui a servi en Angleterre, au commencement du xviiie et plus récemment de notre siècle, à transférer les richesses d'une classe à une autre, pourrait servir aussi, dans certaines conditions politiques et économiques, à accélérer l'émancipation de la classe ouvrière. Mais considérer le *capital portant intérêts comme forme principale du capital*, mais vouloir faire d'une application particulière du crédit, de l'abolition prétendue du taux de l'intérêt, la base de la transformation sociale — voilà une fantaisie tout ce qu'il y a de plus épicier.

Aussi la trouve-t-on déjà élucubrée *con amore* chez les porte-parole de la petite bourgeoisie anglaise du xviie siècle. La polémique de Proudhon contre Bastiat à l'occasion du capital portant intérêts (1850) est de beaucoup au-dessous de la *Philosophie de la Misère*. Il réussit à se faire battre même par Bastiat et crie et tempête d'une manière burlesque toutes les fois que son adversaire lui porte un coup.

Il y a quelques années Proudhon écrivit une thèse sur les impôts, mise au concours, à ce que je crois, par le gouvernement du canton de Vaud. Ici s'évanouit la dernière lueur de génie : il ne reste que le petit bourgeois tout pur.

Les écrits politiques et philosophiques de Proudhon ont tous le même caractère double et contradictoire que nous avons trouvé dans ses travaux économiques. De plus, ils n'ont qu'une importance locale limitée à la France. Toutefois ses attaques contre la religion et l'Eglise avaient un grand mérite local à une époque où les socialistes français se targuaient de leurs sentiments religieux comme d'une supériorité sur le voltairianisme du xviiie siècle et sur l'athéisme allemand du xixe siècle. Si Pierre le Grand abattit la barbarie russe par la barbarie, Proudhon fit de son mieux pour terrasser la phrase française par la phrase.

Ce que l'on ne peut plus considérer comme de

mauvais écrits seulement, mais tout bonnement comme des vilenies, — qui cependant étaient en parfait accord avec le sentiment épicier — ce sont le livre sur le coup d'Etat, où il coquette avec L. Bonaparte et s'efforce de le rendre acceptable aux ouvriers français, et celui contre la Pologne, laquelle en l'honneur du Czar il traite avec un cynisme de crétin.

On a souvent comparé Proudhon à J.-J. Rousseau. Rien ne peut être plus faux. Il ressemble plutôt à Nicolas Linguet, dont la *Théorie des lois civiles* est d'ailleurs une œuvre de génie.

La nature de Proudhon le portait à la dialectique. Mais n'ayant jamais compris la dialectique scientifique il ne parvint qu'au sophisme. En fait, cela découlait de son point de vue petit bourgeois. Le petit bourgeois, tout comme notre historien Raumer, dit toujours, d'un côté et de l'autre côté. Deux courants opposés, contradictoires, dominent ses intérêts matériels et par conséquent ses vues religieuses, scientifiques et artistiques, sa morale, enfin son être tout entier. Il est la contradiction vivante. S'il est, de plus, comme Proudhon, un homme d'esprit, il saura bientôt jongler avec ses propres contradictions et les élaborer selon les circonstances en paradoxes frappants, tapageurs, parfois brillants. Charlatanisme scientifique et accommodements politiques sont inséparables d'un pareil point de vue. Il ne reste plus qu'un seul mobile, la *vanité* de l'individu, et comme pour tous les vaniteux, il ne s'agit plus que de l'effet du moment, du succès du jour. De la sorte se perd nécessairement le simple tact moral qui préserva un Rousseau, par exemple, de toute compromission, même apparente, avec les pouvoirs existants.

Peut-être la postérité dira, pour caractériser cette plus récente phase de l'histoire française, que Louis Bonaparte en fut le Napoléon et Proudhon le Rousseau-Voltaire.

Votre tout dévoué,

KARL MARX

(*Traduit de l'allemand* par F. ENGELS.)

APPENDICE   II

(Extrait de l'ouvrage de Marx *Zur Kritik der politischen Œkonomie.* Berlin, 1859, p. 61-64.)

———

La théorie du temps de travail comme unité de mesure directe de la monnaie a été développée d'une manière systématique pour la première fois par John Gray (1).

Une banque centrale nationale, à l'aide de ses succursales, certifie le temps de travail employé pour la production des différentes marchandises. En échange de sa marchandise le producteur reçoit un certificat-officiel de la valeur, c'est-à-dire un reçu du temps de

---

1. JOHN GRAY. *The social system*, etc. *Treatise on the principle of exchange.* Edinburgh, 1831. Comp. du même auteur. *Lectures on the nature and use of money.* Edinburgh, 1848. Après la révolution de février, Gray envoya au gouvernement provisoire un mémoire dans lequel il leur fait savoir que ce n'est pas d'une « organisation du travail » dont la France a besoin, mais d'une « organisation de l'échange », dont le plan complètement élaboré se trouve dans le système de monnaie qu'il a découvert. Le brave John ne se doutait pas que seize ans après la publication du *Social system* un brevet serait pris pour la même découverte par Proudhon, cet esprit fertile en invention.

travail contenu dans sa marchandise (1) et ces bons d'une semaine de travail, d'un jour de travail, d'une heure de travail représentent l'équivalent de ce qu'on peut recevoir de toutes les autres marchandises qui se trouvent dans les magasins de la banque (2). C'est là le principe fondamental, qu'il a développé avec soin jusque dans ses détails en l'appuyant sur les institutions anglaises existantes. Avec ce système, dit Gray, « il serait à tout moment aussi facile de vendre contre de la monnaie qu'il l'est maintenant d'acheter avec de la monnaie ; la production serait la source uniforme et jamais tarissante de la demande » (3). Les métaux précieux perdraient le « privilège » qu'ils ont sur les autres marchandises et « prendraient la place qui leur appartient sur le marché à côté du beurre, des œufs, du drap, du calicot, et leur valeur ne nous intéresserait pas plus que celle

1. GRAY. *The social system*, etc., p. 63. Money should be merely a receipt, an evidence that the holder of it has either contributed certain value to the national stock of wealth, or that he has acquired a right to the same value from some one who has contributed to it.

2. An estimated value being previously put upon produce let it be lodged in a bank, and drawn out again, whenever it is required merely stipulating, by common consent, that he who lodges any kind of property in the proposed National Bank, may take out of it an equal value of whatever it may contain instead of being obliged to draw out the self same thing that he put in. *Loc. cit.*, p. 68.

3. *Loc. cit.*, p. 16.

des diamants » (1). Devons-nous conserver notre mesure artificielle des valeurs, l'or, et entraver ainsi les forces productives du pays, ou devons-nous nous servir de la mesure naturelle des valeurs, du travail, et délivrer les forces productives du pays (2).

Puisque le temps de travail est la mesure immanente des valeurs, pourquoi à côté d'elle une autre valeur extrinsèque ? Pourquoi la valeur d'échange se transforme-t-elle en prix ? Pourquoi toutes les marchandises évaluent-elles leur valeur dans une seule marchandise, qui devient ainsi adéquate à la valeur d'échange, en monnaie ? C'était là le problème que Gray avait à résoudre. Au lieu de le résoudre, il s'imagine que les marchandises peuvent se comporter directement l'une à l'égard de l'autre comme des produits du travail social. Mais elles ne peuvent se rapporter l'une à l'autre qu'en vertu de ce qu'elles sont. Les marchandises sont des produits immédiats de travaux individuels, indépendants et isolés, qui doivent s'affirmer comme du travail social général par leur aliénation dans le processus de l'échange individuel, ou le travail, dans la production marchande, ne devient travail social que par l'aliénation universelle des travaux individuels. En posant le

1. GRAY. *Lectures on money*, etc., p. 180.
2. *Loc. cit.*, p. 169.

temps de travail contenu dans les marchandises comme temps de travail *directement social,* Gray le pose comme temps de travail collectif ou comme temps de travail d'individus directement associés. Dans ces conditions, en fait, une marchandise spécifique, comme l'argent ou l'or, ne pourrait pas être pour les autres marchandises l'incarnation du travail général, la valeur d'échange ne deviendrait pas prix, mais la valeur d'usage ne deviendrait pas non plus valeur d'échange, le produit ne deviendrait pas marchandise et ainsi disparaîtrait la base sur laquelle repose la production bourgeoise. Mais ce n'est pas là la pensée de Gray. *Les produits doivent être produits comme marchandises mais ils ne doivent pas être échangés comme marchandises.*

Gray confie à une banque nationale l'exécution de ce pieux désir. D'un côté la société, par l'entremise de la banque, rend les individus indépendants des conditions de l'échange individuel, et d'un autre côté, elle les laisse continuer à produire sur la base de l'échange individuel. La logique oblige Gray à nier successivement toutes les conditions de la production bourgeoise, quoiqu'il veuille simplement « réformer » la monnaie, conséquence de l'échange des marchandises. Il transforme le capital en capital national (1), la

1. The business of every country ought to be conducted on a national capital. JOHN GRAY, *The social system,* etc. p. 71.

propriété foncière en propriété nationale (1) et quand on regarde de près sa banque, on voit qu'elle ne reçoit pas simplement d'une main les marchandises et qu'elle délivre des certificats pour le travail reçu de l'autre, mais qu'elle règle la production elle-même. Dans son dernier ouvrage, *Lectures on money*, Gray s'efforce de présenter sa monnaie de travail comme une réforme purement bourgeoise, il se perd dans des absurdités plus visibles encore.

Toute marchandise est immédiatement de la monnaie, c'est là la théorie de Gray, et elle résulte de son analyse incomplète et partant fausse de la marchandise. La construction « organique » de la « monnaie de travail », de la « banque nationale » et les « magasins de marchandises » n'est qu'un rêve dans lequel on nous fait entrevoir le dogme comme une loi universelle. Le dogme que la marchandise est de la monnaie directe ou que le travail particulier de l'individu contenu en elle est directement du travail social, ne devient pas une vérité parce qu'une banque y croît et opère selon lui. La faillite, dans ce cas, jouerait le rôle de critique pratique. Ce que Gray n'a pas dit et ce dont il ne se doutait pas, c'est-à-dire que la monnaie de travail est une phrase à allure économique pour qui a le désir pieux de se débarrasser de la mon-

1. The land to be transformed into national property, *loc. cit.*, p. 298.

naie, avec la monnaie de la valeur d'échange, avec la valeur d'échange de la marchandise, avec la marchandise de la société bourgeoise, a été affirmé hautement par quelques socialistes anglais qui ont écrit avant ou après Gray (1). Mais il était réservé à Proudhon et à son école de proclamer sérieusement la dégradation de l'argent et l'exaltation de la marchandise comme le principe du socialisme et partant de réduire le socialisme à une méconnaissance élémentaire de la dépendance nécessaire qu'il y a entre la marchandise et la monnaie (2).

1. Cf. par exemple B. W THOMPSON. *An inquiry into the distribution of wealth*, etc. London, 1827. BRAY, *Labour's wrongs and labour's remedy*, Leeds 1839.
2. Comme compendium de cette théorie mélodramatique de la monnaie on peut citer l'ouvrage de M. Alfred Darimon. *De la réforme des banques*, Paris, 1856.

DISCOURS

SUR LA QUESTION DU LIBRE ÉCHANGE

PRONONCÉ

A L'ASSOCIATION DÉMOCRATIQUE DE BRUXELLES

Dans la séance publique du 7 janvier 1848

Par KARL MARX

(Imprimé aux frais de l'Association Démocratique) (1)

———

Messieurs,

L'abolition des lois céréales en Angleterre est le plus grand triomphe que le libre échange ait remporté au XIXe siècle. Dans tous les pays où les fabri-

---

1. Le discours de Marx sur le libre échange est reproduit textuellement d'après la brochure originale publiée à Bruxelles en 1848, devenue si rare, que nous ne connaissons que l'exemplaire d'Engels sur lequel ont été faites les traductions allemandes, anglaises, italiennes et russes parues dernièrement.

NOTE DE L'ÉDITEUR

cants parlent de libre échange, ils ont principalement en vue le libre échange des grains et des matières premières en général. Frapper de droits protecteurs les grains étrangers, c'est infâme, c'est spéculer sur la famine des peuples.

Du pain à bon marché, des salaires relevés, *cheap food, high wages*, voilà le seul but pour lequel les *free-traders*, en Angleterre, ont dépensé des millions, et déjà leur enthousiasme s'est étendu à leurs frères du continent. En général, si l'on veut le libre échange, c'est pour soulager la condition de la classe laborieuse.

Mais chose étonnante ! le peuple, auquel on veut à toute force procurer du pain à bon marché, est très ingrat. Le pain à bon marché est aussi malfamé en Angleterre que le gouvernement à bon marché l'est en France. Le peuple voit dans les hommes de dévouement, dans un Bowring, un Bright et consorts, ses plus grands ennemis et les hypocrites les plus effrontés.

Tout le monde sait que la lutte entre les libéraux et les démocrates s'appelle, en Angleterre, la lutte entre les free-traders et les chartistes.

Voyons maintenant comment les free-traders anglais ont prouvé au peuple les bons sentiments qui les faisaient agir.

Voici ce qu'ils disaient aux ouvriers des fabriques :

Le droit prélevé sur les céréales est un impôt sur le salaire, cet impôt, vous le payez aux seigneurs territoriaux, à ces aristocrates du moyen âge ; si votre position est misérable, c'est à cause de la cherté des vivres de première nécessité.

Les ouvriers demandaient à leur tour aux fabricants :

Comment se fait-il que, depuis les trente dernières années où notre industrie a pris le plus grand développement, notre salaire ait baissé dans une proportion bien plus rapide que le prix des grains n'a haussé ?

L'impôt, que nous payons aux propriétaires fonciers, comme vous le prétendez, fait sur l'ouvrier à peu près *trois pence* (six sous) par semaine. Et, cependant, le salaire du tisserand à la main est descendu de 28 sh. par semaine à 5 sh. (de 35 fr. à 7 fr. 25) depuis 1815 jusqu'à 1843 ; et le salaire du tisserand, dans l'atelier automatique, a été réduit de 20 sh. par semaine à 8 sh (de 25 fr. à 10 fr.) depuis 1825 jusqu'à 1843.

Et pendant tout ce temps la part d'impôt que nous avons payée au propriétaire foncier n'a jamais été au-delà de trois pence. Et puis, en 1834, quand le pain était à très bon compte et que le commerce allait très bien, qu'est-ce que vous nous disiez ? Si vous êtes malheureux, c'est parce que vous faites trop d'enfants, et que votre mariage est plus fécond que notre industrie !

Voilà les propres paroles que vous nous disiez alors ; et vous êtes allé faire les nouvelles lois des pauvres et construire les *work-houses*, ces bastilles des prolétaires.

C'est à quoi répliquaient les fabricants :

Vous avez raison, messieurs les ouvriers ; ce n'est pas seulement le prix du blé, mais encore la concurrence entre les bras offerts, qui détermine le salaire.

Mais pensez bien à une chose ; c'est que notre sol ne se compose que de rochers et de bancs de sable. Vous figurez-vous, par hasard, qu'on puisse faire venir du blé dans des pots à fleurs ? Ainsi, si, au lieu de prodiguer notre capital et notre travail sur un sol tout à fait stérile, nous abandonnions l'agriculture pour nous livrer exclusivement à l'industrie, toute l'Europe abandonnerait les manufactures, et l'Angleterre formerait une seule grande ville manufacturière, qui aurait pour campagne le reste de l'Europe.

Tout en parlant de la sorte à ses propres ouvriers, le fabricant est interpellé par le petit commerçant qui lui dit :

Mais si nous abolissons les lois céréales, nous ruinerons, il est vrai, l'agriculture, mais nous ne forcerons pas pour cela les autres pays à se fournir dans nos fabriques et à abandonner les leurs.

Qu'en résultera-t-il ? Je perdrai les pratiques que j'ai maintenant à la campagne, et le commerce intérieur perdra ses marchés.

Le fabricant, tournant le dos aux ouvriers, répond à l'épicier :

Quant à ça, laissez-nous faire. Une fois que l'impôt sur le blé sera aboli, nous aurons de l'étranger du blé à meilleur marché. Puis nous abaisserons le salaire, qui haussera en même temps dans les autres pays d'où nous tirons les grains.

Ainsi, outre les avantages que nous avons déjà, nous aurons encore celui d'un salaire moindre, et avec tous ces avantages, nous forcerons bien le continent à se fournir chez nous.

Mais voilà que le fermier et l'ouvrier de la campagne se mêlent à la discussion.

Et nous, donc, que deviendrons-nous, disent-ils ?

Irions-nous porter un arrêt de mort sur l'agriculture qui nous fait vivre ? Devrions-nous souffrir qu'on nous ôtât le sol de dessous nos pieds ?

Pour toute réponse l'*Anti-corn-law league* s'est contentée d'assigner des prix aux trois meilleurs écrits traitant l'influence salutaire de l'abolition des lois céréales sur l'agriculture anglaise.

Ces prix ont été remportés par MM. Hope, Morse et Gregg, dont les livres furent répandus à la campagne par milliers d'exemplaires.

L'un des lauréats s'attache à prouver que ce n'est
ni le fermier ni le laboureur salarié qui perdront par
la libre importation du grain étranger, mais seulement le propriétaire foncier :

Le fermier anglais, s'écrie-t-il, n'a pas à craindre
l'abolition des lois céréales, parce qu'aucun pays ne
saurait produire du blé d'aussi bonne qualité et à
aussi bon marché que l'Angleterre.

Ainsi quand même le prix du blé tomberait, ça ne
pourrait vous faire du tort, parce que cette baisse
porterait seulement sur la rente qui aurait diminué
et nullement sur le profit industriel et sur le salaire,
qui resteraient les mêmes.

Le second lauréat, M. Morse, soutient, au contraire,
que le prix du blé haussera à la suite de l'abolition
des lois céréales. Il se donne infiniment de peine,
pour démontrer que les droits protecteurs n'ont
jamais pu assurer au blé un prix rémunérateur.

A l'appui de son assertion il cite le fait, que toutes
les fois qu'on a importé du blé étranger, le prix du
blé montait considérablement en Angleterre et quand
on en importait peu, il y tombait extrêmement. Le
lauréat oublie que l'importation n'était pas la cause
du prix élevé, mais que le prix élevé était cause de
l'importation.

Et, tout à l'opposé de son co-lauréat, il affirme que
toute hausse dans le prix des grains tourne au profit

du fermier et de l'ouvrier, et non au profit du propriétaire.

Le troisième lauréat, M. Gregg, qui est un grand fabricant et dont le livre s'adresse à la classe des grands fermiers, ne pouvait s'en tenir à de semblables niaiseries. Son langage est plus scientifique.

Il convient que les lois céréales ne font hausser la rente qu'en faisant hausser le prix du blé et qu'elles ne font hausser le prix du blé qu'en imposant au capital la nécessité de s'appliquer à des terrains de qualité inférieure, et cela s'explique tout naturellement.

A mesure que la population s'accroît, le grain étranger ne pouvant entrer dans le pays, on est bien forcé de faire valoir des terrains moins fertiles, dont la culture exige plus de frais, et dont le produit est, par conséquent, plus cher.

Le grain étant d'une vente forcée, le prix s'en réglera nécessairement sur le prix des produits des terrains les plus coûteux. La différence qu'il y a entre ces prix et les frais de production des meilleurs terrains, constitue la rente.

Ainsi, si à la suite de l'abolition des lois céréales, le prix du blé et, par conséquent, la rente tombent, c'est parce que les terrains ingrats cesseront d'être cultivés. Donc la réduction de la rente entraînera infailliblement la ruine d'une partie des fermiers.

Ces observations étaient nécessaires pour faire comprendre le langage de M. Gregg.

Les petits fermiers, dit-il, qui ne pourront pas se tenir dans l'agriculture, trouveront une ressource dans l'industrie. Quant aux grands fermiers, ils doivent y gagner. Ou les propriétaires seront forcés de leur vendre à très bon marché leurs terres ou les contrats de fermages qu'ils feront avec eux seront à des termes très prolongés. C'est ce qui leur permettra d'engager de grands capitaux dans la terre, d'y faire l'application des machines sur une plus grande échelle et d'économiser ainsi sur le travail manuel qui, d'ailleurs, sera à meilleur marché par la baisse générale des salaires, conséquence immédiate de l'abolition des lois céréales.

Le docteur Bowring a donné à tous ces arguments une consécration religieuse, en s'écriant, dans un meeting public :

Jésus-Christ, c'est le *free-trade* ; le *free-trade*, c'est Jésus-Christ.

On comprend que toute cette hypocrisie n'était pas propre à faire goûter aux ouvriers le pain à bon marché.

Comment d'ailleurs les ouvriers auraient-ils pu comprendre la philanthropie soudaine des fabricants, de ces gens qui étaient occupés encore à combattre le bill de dix heures, par lequel on voulait réduire la journée de l'ouvrier de fabrique de douze heures à dix heures.

Pour vous faire une idée de la philanthropie des fabricants, je vous rappellerai, messieurs, les règlements établis dans toutes les fabriques.

Chaque fabricant a pour son usage particulier un véritable code où il y a des amendes fixées pour toutes les fautes volontaires ou involontaires. Par exemple, l'ouvrier payera tant, s'il a le malheur de s'asseoir sur une chaise, s'il chuchote, cause, rit, s'il arrive quelques minutes trop tard, si une partie de la machine se casse, s'il ne livre pas les objets d'une qualité voulue, etc., etc. Les amendes sont toujours plus fortes que le dommage véritablement occasionné par l'ouvrier. Et pour donner à l'ouvrier toute facilité d'encourir des peines, on fait avancer la pendule de la fabrique, on fournit des mauvaises matières premières pour que l'ouvrier en fasse de bonnes pièces. On destitue le contre-maître qui ne serait pas assez habile pour faire multiplier les cas de contravention.

Vous le voyez, messieurs, cette législation domestique est faite pour enfanter des contraventions, et on fait faire des contraventions pour faire de l'argent. Ainsi le fabricant emploie tous les moyens pour réduire le salaire nominal et pour exploiter jusqu'aux accidents dont l'ouvrier n'est pas le maître.

Ces fabricants, ce sont les mêmes philanthropes qui ont voulu faire croire aux ouvriers, qu'ils étaient capables de faire des dépenses énormes, uniquement pour améliorer leur sort.

Ainsi, d'un côté, ils rognent le salaire de l'ouvrier par les règlements de fabrique de la manière la plus mesquine, et de l'autre, ils s'imposent les plus grands sacrifices pour le faire rehausser par l'*Anti-corn-law league*.

Ils construisent à grands frais des palais, où la *league* établissait, en quelque sorte, sa demeure officielle ; ils font marcher une armée de missionnaires vers tous les points de l'Angleterre, pour qu'ils prêchent la religion du libre échange ; ils font imprimer et distribuer gratis des milliers de brochures pour éclairer l'ouvrier sur ses propres intérêts, ils dépensent des sommes énormes pour rendre la presse favorable à leur cause, ils organisent une vaste administration pour diriger les mouvements libre-échangistes, et ils déploient toutes les richesses de leur éloquence dans les meetings publics. C'était dans un de ces meetings qu'un ouvrier s'écria :

Si les propriétaires fonciers vendaient nos os, vous autres, fabricants, vous seriez les premiers à les acheter, pour les jeter dans un moulin à vapeur et en faire de la farine.

Les ouvriers anglais ont très bien compris la signi-

.fication de la lutte entre les propriétaires fonciers et les capitalistes industriels. Ils savent très bien qu'on voulait rabaisser le prix du pain pour rabaisser le salaire et que le profit industriel augmenterait de ce que la rente aurait diminuée.

Ricardo, l'apôtre des free-traders anglais, l'économiste le plus distingué de notre siècle, est sur ce point, parfaitement d'accord avec les ouvriers.

Il dit dans son célèbre ouvrage sur l'économie politique :

« Si, au lieu de récolter du blé chez nous, nous découvrions un nouveau marché où nous pourrions nous procurer ces objets à meilleur compte, dans ce cas les salaires doivent baisser et les profits s'accroître. La baisse du prix des produits de l'agriculture réduit les salaires non seulement des ouvriers employés à la culture de la terre, mais encore de tous ceux qui travaillent aux manufactures ou qui sont employés au commerce ».

Et ne croyez pas, messieurs, que ce soit chose tout à fait indifférente pour l'ouvrier de ne recevoir plus que 4 francs, le blé étant à meilleur marché, quand auparavant il a reçu 5 francs.

Son salaire n'est-il pas toujours tombé par rapport au profit ? Et n'est-il pas clair que sa position sociale a empiré vis-à-vis du capitaliste ? Outre cela il perd encore dans le fait.

Tant que le prix du blé était encore plus élevé, le salaire l'étant également, une petite épargne faite sur la consommation du pain suffisait pour lui procurer d'autres jouissances, mais du moment que le pain et en conséquence le salaire est à très bon marché, il ne pourra presque rien économiser sur le pain pour l'achat des autres objets.

Les ouvriers anglais ont fait sentir aux free-traders qu'ils ne sont pas dupes de leurs illusions et de leurs mensonges, et si, malgré cela, ils se sont associés à eux contre les propriétaires fonciers, c'était pour détruire les derniers restes de la féodalité et pour n'avoir plus affaire qu'à un seul ennemi. Les ouvriers ne se sont pas trompés dans leurs calculs, car les propriétaires fonciers, pour se venger des fabricants, ont fait cause commune avec les ouvriers pour faire passer le bill des dix heures, que ces derniers avaient vainement demandé depuis trente ans, et qui passa immédiatement après l'abolition des droits sur les céréales.

Si, au congrès des économistes, le docteur Bowring a tiré de sa poche une longue liste pour faire voir toutes les pièces de bœuf, de jambon, de lard, de poulets, etc., etc., qui ont été importées en Angleterre, pour y être consommées, comme il dit, par les ouvriers, il a malheureusement oublié de vous dire qu'au même instant les ouvriers de Manchester et dés autres villes manufacturières, se trouvaient jetés sur le pavé par la crise qui commençait.

En principe, en économie politique, il ne faut jamais grouper les chiffres d'une seule année pour en tirer des lois générales. Il faut toujours prendre le terme moyen de six à sept ans — laps de temps pendant lequel l'industrie moderne passe par les différentes phases de prospérité, de surproduction, de stagnation, de crise et achève son cycle fatal.

Sans doute, si le prix de toutes les marchandises tombe, et c'est là la conséquence nécessaire du libre échange, je pourrai me procurer pour un franc bien plus de choses qu'auparavant. Et le franc de l'ouvrier vaut autant que tout autre. Donc le libre échange sera très avantageux à l'ouvrier. Il y a seulement un petit inconvénient à cela, c'est que l'ouvrier, avant d'échanger son franc pour d'autres marchandises, a fait d'abord l'échange de son travail contre le capital. Si dans cet échange il recevait toujours pour le même travail le franc en question, et que le prix de toutes les autres marchandises tomberait, il gagnerait toujours à ce marché. Le point difficile, ce n'est pas de prouver que le prix de toute marchandise baissant, j'aurai plus de marchandises pour le même argent.

Les économistes prennent toujours le prix du travail au moment où il s'échange contre d'autres marchandises. Mais ils laissent tout à fait de côté le moment où le travail opère son échange contre le capital.

Quand il faudra moins de frais pour mettre en mouvement la machine qui produit les marchandises, les choses nécessaires pour entretenir cette machine qui s'appelle travailleur, coûteront également moins cher. Si toutes les marchandises sont à meilleur marché, le travail, qui est aussi une marchandise, baissera également de prix, et comme nous le verrons plus tard, ce travail marchandise baissera proportionnellement beaucoup plus que les autres marchandises. Le travailleur comptant toujours sur l'argumentation des économistes trouvera que le franc s'est fondu dans sa poche, et qu'il ne lui reste plus que cinq sous.

Là-dessus, les économistes vous diront : Eh bien, nous convenons que la concurrence parmi les ouvriers, qui certes n'aura pas diminué sous le régime du libre échange, ne tardera pas à mettre les salaires en accord avec le bas prix des marchandises. Mais d'une autre part le bas prix des marchandises augmentera la consommation ; la plus grande consommation exigera une plus grande production, laquelle sera suivie d'une plus forte demande de bras, et à cette plus forte demande de bras succédera une hausse de salaires.

Toute cette argumentation revient à ceci : Le libre

échange augmente les forces productives. Si l'industrie va croissant, si la richesse, si le pouvoir productif, si, en un mot, le capital productif augmente la demande du travail, le prix du travail, et, par conséquent, le salaire, augmente également. La meilleure condition pour l'ouvrier, c'est l'accroissement du capital. Et il faut en convenir. Si le capital reste stationnaire, l'industrie ne restera pas seulement stationnaire, mais elle déclinera, et en ce cas, l'ouvrier en sera la première victime. Il périra avant le capitaliste. Et dans le cas où le capital va croissant dans cet état de choses que nous avons dit, le meilleur pour l'ouvrier, quel sera son sort ? Il périra également. L'accroissement du capital productif implique l'accumulation et la concentration des capitaux. La centralisation des capitaux amène une plus grande division du travail et une plus grande application des machines. La plus grande division du travail détruit la spécialité du travail, détruit la spécialité du travailleur, et en mettant à la place de cette spécialité un travail que tout le monde peut faire, elle augmente la concurrence entre les ouvriers.

Cette concurrence devient d'autant plus forte, que la division du travail donne à l'ouvrier le moyen de faire à lui seul l'ouvrage de trois.

Les machines produisent le même résultat sur une beaucoup plus grande échelle. L'accroissement du

capital productif, en forçant les capitalistes industriels à travailler avec des moyens toujours crois-
sants, ruine les petits industriels et les jette dans le
prolétariat. Puis, le taux de l'intérêt diminuant à mesure que les capitaux s'accumulent, les petits rentiers
qui ne peuvent plus vivre de leurs rentes seront forcés de se lancer dans l'industrie, pour aller augmenter ensuite le nombre des prolétaires.

Enfin, plus le capital productif augmente, plus il
est forcé de produire pour un marché dont il ne connaît pas les besoins, plus la production précède la
consommation, plus l'offre cherche à forcer la demande, et, en conséquence, les crises augmentent d'intensité et de rapidité. Mais toute crise, à son tour,
accélère la centralisation des capitaux et grossit le
prolétariat.

Ainsi, à mesure que le capital productif s'accroît,
la concurrence entre les ouvriers s'accroît dans une
production beaucoup plus forte. La rétribution du
travail diminue pour tous, et le fardeau du travail
augmente pour quelques-uns.

En 1829, il y avait à Manchester, 1,088 fileurs occupés dans 36 fabriques. En 1841, il n'y en avait plus
que 448, et ces ouvriers étaient occupés à 53,353 fu-
seaux de plus que les 1,088 ouvriers de 1829. Si le
rapport du travail manuel avait augmenté proportionnellement au pouvoir productif, le nombre des

ouvriers aurait dû atteindre le chiffre de 1848, de sorte que les améliorations apportées dans la mécanique ont enlevé le travail à 1,100 ouvriers.

Nous savons d'avance la réponse des économistes. Ces hommes privés d'ouvrage, disent-ils, trouveront un autre emploi de leurs bras. M. le docteur Bowring n'a pas manqué de reproduire cet argument au congrès des économistes, mais il n'a pas manqué non plus de se réfuter lui-même.

En 1833, M. le docteur Bowring prononçait un discours dans la Chambre des Communes, au sujet des 50,000 tisserands de Londres qui depuis très longtemps se meurent d'inanition, sans pouvoir trouver cette nouvelle occupation que les free-traders font entrevoir dans le lointain.

Nous allons donner les passages les plus saillants de ce discours de M. le docteur Bowring.

« La misère des tisserands à la main, dit-il, est le sort inévitable de toute espèce de travail qui s'apprend facilement et qui est susceptible d'être à chaque instant remplacé par des moyens moins coûteux. Comme dans ce cas la concurrence entre les ouvriers est extrêmement grande, le moindre relâchement dans la demande amène une crise. Les tisserands à la main se trouvent en quelque sorte placés sur les limites de l'existence humaine. Un pas de plus et leur existence devient impossible. Le moindre choc suffit pour les lancer dans la carrière du dépérissement. Les progrès de la mécanique, en supprimant de plus en plus le travail manuel, amènent infailliblement pendant l'époque de la transition bien des souffrances temporelles. Le bien-être national ne saurait être acheté qu'au prix de quelques maux individuels. On n'avance en industrie qu'aux dépens des traînards ; et de toutes les découvertes, le métier à vapeur est celle qui pèse avec le plus de poids sur les tisserands à la main. Déjà dans beaucoup d'articles qui se sont faits à la main, le tisserand a été mis hors de combat, mais il sera battu sur bien des choses qui se font encore à la main.

« Je tiens, dit-il plus loin, entre mes mains une correspondance du gouverneur-général avec la compagnie des Indes Orientales. Cette correspondance concerne les tisserands du district de Dacca. Le gouverneur dit dans ses lettres : il y a quelques années la Compagnie des Indes Orientales recevait six à huit milions de pièces de coton, qui étaient fabriquées par les métiers du pays ; la demande en tomba graduellement et fut réduite à un million de pièces environ.

« Dans ce moment elle a presque complètement cessé. De plus, en 1800, l'Amérique du Nord a tiré des Indes presque 800,000 pièces de coton. En 1830, elle n'en tirait même pas 4,000. Enfin, en 1800, on a embarqué, pour être transportées en Portugal, un million de pièces de coton. En 1830, le Portugal n'en recevait plus que 20,000.

« Les rapports sur la détresse des tisserands indiens sont terribles. Et quelle fut l'origine de cette détresse ?

« La présence sur le marché des produits anglais ; la production de l'article au moyen du métier à vapeur. Un très grand nombre de tisserands est mort d'inanition ; le restant a passé à d'autres occupations et surtout aux travaux ruraux. Ne pas savoir changer d'occupation, c'était un arrêt de mort. Et en ce moment le district de Dacca regorge de fils et de tissus anglais. La mousseline de Dacca, renommée dans le monde entier pour sa beauté et la fermeté de sa texture, est également éclipsée par la concurrence des machines anglaises. Dans toute l'histoire du commerce, on aurait peut-être de la peine à trouver des souffrances pareilles à celles qu'ont dû supporter de cette manière des classes entières dans les Indes Orientales ».

Le discours de M. le docteur Bowring est d'autant plus remarquable que les faits qui y sont cités son exacts, et que les phrases dont il cherche à les pallier, portent tout à fait le caractère d'hypocrisie commun à tous les sermons libre-échangistes. Il représente les ouvriers comme moyens de production qu'il faut remplacer par des moyens de production moins coûteux. Il fait semblant de voir dans le travail dont il parle, un travail tout à fait exceptionnel, et dans la machine qui a écrasé les tisserands, une machine également exceptionnelle. Il oublie qu'il n'y a pas de travail manuel qui ne soit susceptible de subir d'un jour à l'autre le sort du tissage.

« Le but constant et la tendance de tout perfectionnement dans le mécanisme est, en effet, de se passer entièrement de l'homme ou d'en diminuer le prix en substituant l'industrie des femmes et des enfants à celle de l'ouvrier adulte, ou le travail de l'ouvrier grossier à celui de l'habile artisan. Dans la plupart des filatures par métiers continus, en anglais, *throstle-mills*, la filature est entièrement exécutée par des filles de seize ans et au-dessous. La substitution de la mull-jenny automatique à la mull-jenny ordinaire a eu pour effet de congédier la plupart des fileurs et de garder des enfants et des adolescents ».

Ces paroles du libre-échangiste le plus passionné, M. le docteur Ure, servent à compléter les confessions de M. Bowring. M. Bowring parle de quelques maux individuels, et dit, en même temps, que ces maux individuels font périr des classes entières, il parle des souffrances passagères dans les temps de transition, et en même temps qu'il en parle, il ne dissimule pas que ces souffrances passagères ont été pour la plupart le passage de la vie à la mort, et pour le restant le mouvement de transition dans une condition inférieure à celle dans laquelle ils étaient placés auparavant. S'il dit, plus loin, que les malheurs de ces ouvriers sont inséparables du progrès de l'industrie et nécessaires au bien-être national, il dit simplement que le bien-être de la classe bourgeoise a pour condition nécessaire le malheur de la classe laborieuse.

Toute la consolation que M. Bowring prodigue aux ouvriers qui périssent, et, en général, toute la doctrine de compensation que les *free-traders* établissent, revient à ceci :

Vous autres milliers d'ouvriers qui périssez, ne vous désolez pas. Vous pouvez mourir en toute tranquillité. Votre classe ne périra pas. Elle sera toujours assez nombreuse pour que le capital la puisse décimer, sans avoir à craindre de l'anéantir. D'ailleurs, comment voulez-vous que le capital trouve un emploi utile, s'il n'avait pas soin de se ménager toujours la matière exploitable, les ouvriers, pour les exploiter de nouveau ?

Mais aussi, pourquoi poser encore comme problème à résoudre, l'influence que la réalisation du libre échange exercera sur la situation de la classe ouvrière? Toutes les lois que les économistes ont exposées, depuis Quesnay jusqu'à Ricardo, sont établies dans la supposition que les entraves qui enchaînent encore la liberté commerciale n'existent plus. Ces lois se confirment à mesure que le libre échange se réalise.

La première de ces lois, c'est que la concurrence réduit le prix de toute marchandise au minimum de ses frais de production. Ainsi le minimum de salaire est le prix naturel du travail. Et qu'est-ce que le minimum du salaire ? C'est tout juste ce qu'il faut pour faire produire les objets indispensables à la sustentation de l'ouvrier, pour le mettre en état de se nourrir tant bien que mal et de propager tant soit peu sa race.

Ne croyons pas pour cela que l'ouvrier n'aura que ce minimum de salaire, ne croyons pas, non plus, qu'il aura ce minimum de salaire toujours.

Non, d'après cette loi, la classe ouvrière sera quelquefois plus heureuse. Elle aura parfois plus que le minimum ; mais ce surplus ne sera que le supplément de ce qu'elle aura en moins que le minimum dans le temps de stagnation industrielle. Cela veut dire que dans un certain laps de temps qui est toujours périodique, dans ce cercle que fait l'industrie, en passant par les vicissitudes de prospérité, de surproduction, de stagnation, de crise, en comptant tout ce que la classe ouvrière aura eu de plus ou de moins que le minimum ; cela veut dire que la classe ouvrière ne sera conservée comme classe qu'après bien des malheurs et des misères et des cadavres laissés sur le champ de bataille industriel. Mais qu'importe ? La classe subsiste toujours, et mieux que cela, elle se sera accrue.

Ce n'est pas tout. Le progrès de l'industrie produit des moyens d'existence moins coûteux. C'est ainsi que l'eau-de-vie a remplacé la bière, que le coton a remplacé la laine et le lin, et que la pomme de terre a remplacé le pain.

Ainsi, comme on trouve toujours moyen d'alimenter le travail avec des choses moins chères et plus misérables, le minimum du salaire va toujours en diminuant. Si ce salaire a commencé par faire travailler l'homme pour vivre, il finit par faire vivre l'homme d'une vie de machine. Son existence n'a d'autre valeur que celle d'une simple force productive, et le capitaliste le traite en conséquence.

Cette loi du travail marchandise, du minimum du salaire, se vérifiera à mesure que la supposition des économistes, le libre échange, sera devenue une vérité, une actualité. Ainsi, de deux choses l'une : où il faut renier toute l'économie politique basée sur la supposition du libre échange, ou bien il faut convenir que les ouvriers seront frappés de toute la rigueur des lois économiques sous ce libre échange.

Pour nous résumer : Dans l'état actuel de la société, qu'est-ce donc que le libre échange ? C'est la liberté du capital. Quand vous aurez fait tomber les quelques entraves nationales qui enchaînent encore la marche du capital, vous n'aurez fait qu'en affranchir entièrement l'action. Tant que vous laissez subsister le rapport du travail salarié au capital, l'échange des marchandises entre elles aura beau se faire dans les conditions les plus favorables, il y aura toujours une classe qui exploitera, et une classe qui sera exploitée. On a véritablement de la peine à comprendre la prétention des libres échangistes, qui s'imaginent que l'emploi plus avantageux du capital fera disparaître l'antagonisme entre les capitalistes industriels et les travailleurs salariés. Tout au contraire, tout ce qui en résultera, c'est que l'opposition de ces deux classes se dessinera plus nettement encore.

Admettez un instant qu'il n'y ait plus de lois céréales, plus de douane, plus d'octroi, enfin que toutes les circonstances accidentelles, auxquelles l'ouvrier peut encore s'en prendre, comme étant les causes de sa situation misérable, aient entièrement disparu, et vous aurez déchiré autant de voiles qui dérobent à ses yeux son véritable ennemi.

Il verra que le capital devenu libre ne le rend pas moins esclave que le capital vexé par les douanes.

Messieurs, ne vous laissez pas en imposer par le mot abstrait de *liberté*. Liberté de qui ? Ce n'est pas la liberté d'un simple individu, en présence d'un autre individu. C'est la liberté qu'a le capital d'écraser le travailleur.

Comment voulez-vous encore sanctionner la libre concurrence par cette idée de liberté quand cette liberté n'est que le produit d'un état de choses basé sur la libre concurrence ?

Nous avons fait voir ce que c'est que la fraternité que le libre échange fait naître entre les différentes classes d'une seule et même nation. La fraternité que le libre échange établirait entre les différentes nations de la terre ne serait guère plus fraternelle. Désigner par le nom de fraternité universelle l'exploitation à son état cosmopolite, c'est une idée qui ne pouvait prendre origine que dans le sein de la bourgeoisie. Tous les phénomènes destructeurs que la libre concurrence fait naître dans l'intérieur d'un pays se reproduisent dans des proportions plus gigantesques sur le marché de l'univers. Nous n'avons pas besoin de nous arrêter plus longuement aux sophismes que débitent à ce sujet les libres échangistes, et qui valent bien les arguments de nos trois lauréats, Messieurs Hope, Morse et Gregg.

On nous dit, par exemple, que le libre échange ferait naître une division internationale du travail qui assignerait à chaque pays une production en harmonie avec ses avantages naturels.

Vous pensez peut-être, Messieurs, que la production du café et du sucre, c'est la destinée naturelle des Indes Occidentales.

Deux siècles auparavant la nature qui ne se mêle guère du commerce, n'y avait mis ni caféier ni canne à sucre.

Et il ne se passera peut-être pas un demi-siècle que vous n'y trouverez plus ni café ni sucre, car les Indes Orientales, par la production à meilleur marché, ont déjà victorieusement combattu cette prétendue destinée naturelle des Indes Occidentales. Et ces Indes Occidentales avec leurs dons naturels sont déjà pour les Anglais un fardeau aussi lourd que les tisserands de Dacca, qui, eux aussi, étaient destinés depuis l'origine des temps à tisser à la main.

Une chose encore qu'il ne faut jamais perdre de vue, c'est que de même que tout est devenu monopole, il y a aussi de nos jours quelques branches industrielles qui dominent toutes les autres et qui assurent aux peuples qui les exploitent le plus, l'empire sur le marché de l'univers. C'est ainsi que dans le commerce international le coton à lui seul a une plus grande valeur commerciale que toutes les autres matières premières employées pour la fabrication des vêtements, prises ensemble. Et il est véritablement risible de voir les libres échangistes faire ressortir les quelques spécialités dans chaque branche industrielle pour les mettre en balance avec les produits de commun usage, qui se produisent à meilleur marché dans les pays où l'industrie est la plus développée.

Si les libres échangistes ne peuvent pas comprendre comment un pays peut s'enrichir aux dépens de l'autre, nous ne devons pas en être étonnés, puisque ces mêmes messieurs ne veulent pas non plus comprendre comment, dans l'intérieur d'un pays, une classe peut s'enrichir aux dépens d'une autre classe.

Ne croyez pas, Messieurs, qu'en faisant la critique de la liberté commerciale nous ayons l'intention de défendre le système protectionniste.

On se dit ennemi du régime constitutionnel, on ne se dit pas pour cela ami de l'ancien régime.

D'ailleurs le système protectionniste n'est qu'un moyen d'établir chez un peuple la grande industrie, c'est-à-dire de le faire dépendre du marché de l'univers, et du moment qu'on dépend du marché de l'univers on dépend déjà plus ou moins du libre échange. Outre cela, le système protecteur contribue à développer la libre concurrence dans l'intérieur d'un pays. C'est pourquoi nous voyons que dans les pays où la bourgeoisie commence à se faire valoir comme classe, en Allemagne, par exemple, elle fait de grands efforts pour avoir des droits protecteurs. Ce sont pour elles des armes contre la féodalité et contre le gouvernement absolu, c'est pour elle un moyen de concentrer ses forces de réaliser le libre échange dans l'intérieur du même pays.

Mais, en général, de nos jours le système du libre échange est destructeur. Il dissout les anciennes nationalités et pousse à l'extrême l'antagonisme entre la bourgeoisie et le prolétariat. En un mot, le système de la liberté commerciale hâte la révolution sociale. C'est seulement dans ce sens révolutionnaire, Messieurs, que je vote en faveur du libre échange.

TABLE DES MATIÈRES

BIBLIOTHÈQUE SOCIALISTE INTERNATIONALE

Publiée sous la direction de ALFRED BONNET

(SÉRIE IN-18)

Deville (Gabriel). — Principes socialistes, 1898. 2ᵉ édition. Un
vol. in-18.. 3 50

Marx (Karl). — Misère de la Philosophie. Réponse à la Philosophie
de la misère de M. Proudhon. 1908, 2ᵉ édit. Un vol. in-18.. 3 50

Labriola (Antonio). — Essais sur la conception matérialiste de l'histoire, trad. par Alfred Bonnet. 2ᵉ éd., 1902. Un vol. in-18.. 3 50

Destrée (J.) et Vandervelde (E.). — Le socialisme en Belgique. 2ᵉ éd.
1902. Un volume in-18.................................. 3 50

Labriola (Antonio). — Socialisma et Philosophie, 1899. 1 vol. in-18.. 2 50

Marx (Karl). — Révolution et contre-révolution en Allemagne, traduit
par Laura Lafargue, 1900. Un volume in-18.............. 2 50

Gatti (G.). — Le Socialisme et l'Agriculture, préface de G. Sorel, 1902.
1 volume in-18.. 3 50

Lassalle (F.). — Discours et Pamphlets, 1902. Un vol. in-18........ 3 50

— Capital et Travail, 1904. Un vol. in-18 .... 3 50

Tarbouriech (E.). — Essai sur la Propriété, 1904. 1 vol. in-18...... 3 50

(SÉRIE IN-8)

Webb (Béatrix et Sydney). — Histoire du Trade-Unionisme, 1897, trad.
par Albert Metin. 1 vol. in-8.......................... 10 »

Kautsky (Karl). — La Question agraire. — Etude sur les tendances de
l'Agriculture moderne, trad. par Edgard Milhaud et Camille
Polack, 1900. 1 vol. in-8.............................. 8 »

Kautsky (K.). — La Politique agraire du parti socialiste, 1903. 1 vol.
in-8.. 4 »

Marx (Karl). — Le Capital, traduit à l'Institut des Sciences sociales de Bruxelles, par J. Borchardt et H. Vanderrydt :

— Livre II. — Le procès de circulation du capital, 1900. 1 vol in-8.. 10 »

— Livre III. — Le Processus d'ensemble de la production capitaliste,
1901-1902. 2 volumes in-8............................. 20 »

Pour paraître prochainement :

— Livre I. — Le Procès de production du capital, 1 vol. in-8.

A LA MÊME LIBRAIRIE

Pareto (V.). — Les Systèmes socialistes. Cours professé à l'Université de Lausanne, 1903. 2 vol. in-18.................... 14 »

Croce (Benedetto). — Matérialisme historique et Economie marxiste,
trad. par Alfred Bonnet, 1901. 1 vol. in-18............ 3 50

Ferri (E.). — Socialisme et Science positive (Darwin-Spencer-Marx),
1897. Un vol. in-8.................................... 4 »

Marx (Karl) et Engels (Fr.). — Manifeste du Parti communiste. Nouvelle édition. 1901. 1 petit vol. in-18 (72 pages)........... 0 20

Marx (Karl). — Prix, salaires, profits, 1899. Brochure in-18........ 0 50

Menger (A.). — Le droit au produit intégral du Travail, préface de
Ch. Andler. 1900. Un vol. in-18....................... 3 50

Rae (John). — La Journée de huit heures. Théorie et étude comparée de ses applications et de leurs résultats économiques
et sociaux, 1900. Un vol. in-8......................... 6 »

Sombart (Werner). — Le Socialisme et le Mouvement social au XIXᵉ siècle, 1 vol. in-18...................................... 2 »

A LA MÊME LIBRAIRIE

Bibliothèque sociologique internationale (volumes in-8º).

Bibliothèque internationale d'économie politique (volumes in-8º et in-18).

Bibliothèque socialiste internationale (volumes in-8º et in-18).

Bibliothèque internationale de droit public (volumes in-8º et in-18).

Bibliothèque internationale de droit privé et de droit criminel (volumes in-8º).

Bibliothèque pacifiste internationale (volumes in-18).

Collection des doctrines politiques (volumes in-18).

Encyclopédie internationale d'assistance, prévoyance, hygiène sociale et démographie (volumes in-18).

Etudes économiques et sociales (volumes in-8º).

Petite encyclopédie sociale économique et financière (volumes in-18).

CATALOGUES EN DISTRIBUTION

Imp. de la Librairie GIARD et BRIÈRE, 16, Rue Soufflot, Paris.

BIBLIOTHÈQUE SOCIALISTE INTERNATIONALE

Publiée sous la direction de ALFRED BONNET

(SÉRIE IN-18)

Deville (Gabriel). — Principes socialistes, 1898. 2ᵉ édition. Un vol. in-18... 3 50
Marx (Karl). — Misère de la Philosophie. Réponse à la Philosophie de la misère de M. Proudhon. 1908, 2ᵉ édit. Un vol. in-18.. 3 50
Labriola (Antonio). — Essais sur la conception matérialiste de l'histoire, trad. par Alfred Bonnet. 2ᵉ éd., 1902. Un vol. in-18.. 3 50
Destrée (J.) et Vandervelde (E.). — Le socialisme en Belgique. 2ᵉ éd. 1902. Un volume in-18... 3 50
Labriola (Antonio). — Socialisma et Philosophie, 1899. 1 vol. in-18.. 2 50
Marx (Karl). — Révolution et contre-révolution en Allemagne, traduit par Laura Lafargue, 1900. Un volume in-18............. 2 50
Gatti (G.). — Le Socialisme et l'Agriculture, préface de G. Sorel, 1902. 1 volume in-18.. 3 50
Lassalle (F.). — Discours et Pamphlets, 1902. Un vol. in-18........ 3 50
— Capital et Travail, 1904. Un vol. in-18............ 3 50
Tarbouriech (E.). — Essai sur la Propriété, 1904. 1 vol. in-18...... 3 50

(SÉRIE IN-8)

Webb (Béatrix et Sydney). — Histoire du Trade-Unionisme, 1897, trad. par Albert Metin. 1 vol. in-8.............................. 10 »
Kautsky (Karl). — La Question agraire. — Etude sur les tendances de l'Agriculture moderne, trad. par Edgard Milhaud et Camille Polack, 1900. 1 vol. in-8....................................... 8 »
Kautsky (K.). — La Politique agraire du parti socialiste, 1903. 1 vol. in-8.. 4 »
Marx (Karl). — Le Capital, traduit à l'Institut des Sciences sociales de Bruxelles, par J. Borchardt et H. Vanderrydt :
— Livre II. — Le procès de circulation du capital, 1900. 1 vol in-8.. 10 »
— Livre III. — Le Processus d'ensemble de la production capitaliste, 1901-1902. 2 volumes in-8...................................... 20 »

Pour paraître prochainement :

— Livre I. — Le Procès de production du capital, 1 vol. in-8.

A LA MÊME LIBRAIRIE

Pareto (V.). — Les Systèmes socialistes. Cours professé à l'Université de Lausanne, 1903. 2 vol. in-18........................... 14 »
Croce (Benedetto). — Matérialisme historique et Economie marxiste, trad. par Alfred Bonnet, 1901. 1 vol. in-18.................. 3 50
Ferri (E.). — Socialisme et Science positive (Darwin-Spencer-Marx), 1897. Un vol. in-8.. 4 »
Marx (Karl) et Engels (Fr.). — Manifeste du Parti communiste. Nouvelle édition. 1901. 1 petit vol. in-18 (72 pages)............. 0 20
Marx (Karl). — Prix, salaires, profits, 1899. Brochure in-18....... 0 50
Menger (A.). — Le droit au produit intégral du Travail, préface de Ch. Andler. 1900. Un vol. in-18.............................. 3 50
Rae (John). — La Journée de huit heures. Théorie et étude comparée de ses applications et de leurs résultats économiques et sociaux, 1900. Un vol. in-8................................. 6 »
Sombart (Werner). — Le Socialisme et le Mouvement social au XIXᵉ siècle, 1 vol. in-18... 2 »

www.ingramcontent.com/pod-product-compliance
Ingram Content Group UK Ltd.
Pitfield, Milton Keynes, MK11 3LW, UK
UKHW021506090726
13657UKWH00001B/74